行政学叢書⑥

内閣制度

山口二郎——[著]

東京大学出版会

Working Papers on Public Administration 6
The Cabinet System
Jiro YAMAGUCHI
University of Tokyo Press, 2007
ISBN 978-4-13-034236-0

刊行にあたって

日本行政学会の創立以来、『行政学講座』（辻清明ほか編、東京大学出版会、一九七六年）と『講座　行政学』（有斐閣、一九九四―九五年）が刊行された。私が編集代表を務めた『講座　行政学』の出版からすでに十余年の歳月が徒過してしまった。『講座』の刊行を終えたらこれに続いて『行政学叢書』の編集企画に取り掛かるというのが、私の当初からの構想であった。しかしながら、諸般の事情が重なって、刊行の予定は大幅に遅れ、とうとう今日にまで至ってしまった。

しかし、この刊行の遅れは、考えようによってはかえって幸いであったのかもしれない。一九九五年以来ここ十余年における日本の政治・行政構造の変化にはまことに大きなものがあったからである。一九九三年には自民党が分裂し、一九五五年以来三八年間続いた自民党単独一党支配時代は幕を閉じ、連立政権時代に移行した。そして政治改革の流れの始まりとして衆議院議員選挙が中選挙区制から小選挙区比例代表並立制に改められ、政党助成金制度が導入された。また一九八〇年代以来の行政改革の流れの一環として行政手続法や情報公開法が制定された。第一次分権改革によって機関委任事務制度が全面廃止され、地方自治法を初め総計四七五本の関係法令が改正された。「小沢構想」が実現に移され、副大臣・大臣政務官制度や党首討論制度が導入され、政府委員制度が廃止された。「橋本行革」も法制化され、内閣機能の強化、中央省庁の再編成、独立行政法人・国立大学法人制度の導入、政策評価制度の導入が行なわれた。さらに、総選挙が政権公約（マニフェスト）を掲げて戦う選挙に変わった。そして小泉内閣の下では、道路公団等の民営化や郵政事業の民営化が進められ、「平成の市町村合併」も進められた。

その一方には、公務員制度改革のように、中途で頓挫し先送りにされている改革もあるものの、憲法に準ずる基本法制の多くに戦後改革以来の大改正が加えられたのであった。したがって、この『行政学叢書』の刊行が予定どおりに十余年前に始められていたとすれば、各巻の記述は刊行後すぐに時代遅れのものになってしまっていた可能性が高いのである。

このたび、往年の企画を蘇生させ、決意も新たにこの『行政学叢書』の刊行を開始するにあたって、これを構成する各巻の執筆者には、この十余年の日本の政治・行政構造の著しい変化を十分に踏まえ、その上で日本の行政または行政学の前途を展望した内容の書籍にしていただくことを強く要望している次第である。

この『行政学叢書』は、巻数も限られているため、行政学の対象分野を漏れなく包括したものにはなり得ない。むしろ戦略的なテーマに焦点を絞って行政学のフロンティアを開拓することを目的にしている。一口に行政学のフロンティアの開拓と言っても、これには研究の領域または対象を拡大しようとするものもあれば、新しい研究の方法または視角を導入しようとするものもあり得る。また特定の主題についてより深く探求し、これまでの定説を覆すような新しい知見を提示しようとするものも含まれ得る。そのいずれであれ、ひとりひとりの研究者の目下の最大の学問的な関心事について「新しいモノグラフ」を一冊の単行本にまとめ、これらを連続して世に問うことによって、日本の行政学の新たな跳躍の踏み台を提供することを企図している。そしてまた、この学問的な営みがこの国の政治・行政構造の現状認識と改革提言の進歩発展にいささかでも貢献できれば、この上ない幸せである。

二〇〇六年三月

編者　西尾　勝

内閣制度　目次

序章

内閣制度を論じることの意義

近年、政治における内閣や首相の権力、役割に対する関心が高まっている。もちろん、首相のいすをめぐる権力争いは、日本でも政党政治の最大のテーマであった。しかし、自民党政治が落ち着いてから長らくの間、誰が首相になるかは政界の関心事であったが、首相が何をするかはそれほど大きな関心事ではないという時代が長く続いた。いわゆる五五年体制の時代は、世の中が比較的安定しており、既存の政策を維持することで政府の務めを果たせた時代だったのであろう。首相や大臣は官僚機構の上にのるだけで、政権運営ができた。一九七〇年代に入ってからは、八〇年代の中曾根内閣を除いて、二年程度（もっと短い場合もあった）で首相が入れ替わる時代が続いた。しかし、国民はそれほど大きな不満を持たず、おおむね自民党政権を支持してきた。

一九九三年の政権交代の経験は、首相や内閣に対する関心のあり方を変えた。自民党が政権を担うことは決して自明の前提ではなくなった。誰が首相になるかは、その首相が何をするかと密接に関連するようになった。そして、バブル経済の崩壊や冷戦の終わりにともなう巨大な政治経済環境の変化は、旧来の政策の持続を許さなくなった。政府が常に何かをしなければならない時代になったのである。誰が首相になり、何をなすかに国民の関心と期待が高まっているということもできよう。強いリーダーが力を発揮することを欲しない国民、そのことを必要としない政治状況は、過去のものとなり、政治に能動性やダイナミズムを期待する世論が高まる中、内閣への視線も今までとは異なるものとなっている。また、実際にも、能動的な内閣を作り出すための制度改革も進んでいる。

図序-1　政治システム

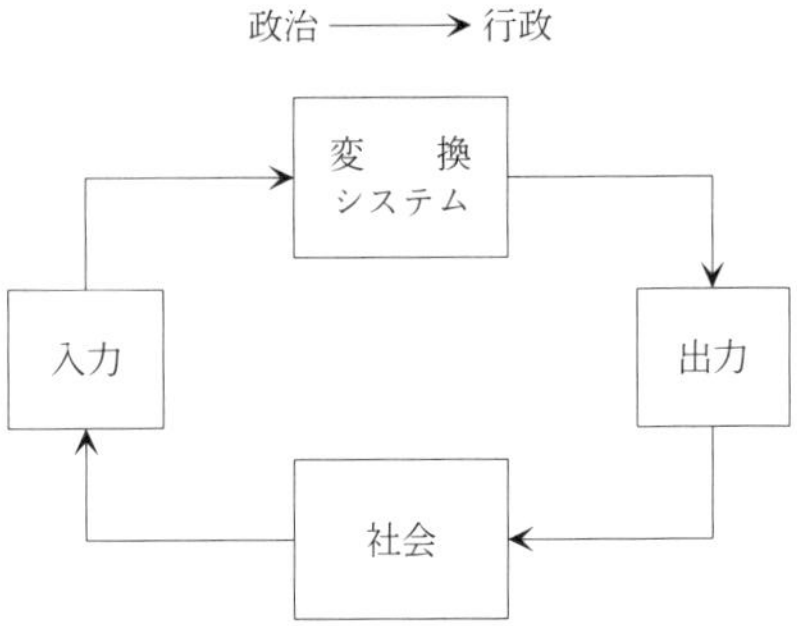

ここで、なぜ一九九〇年代に内閣をはじめ、選挙制度、中央地方関係など様々な国制が改革されなければならなかったのかを振り返っておきたい。アメリカの政治学者イーストンは、政治システムのモデルを入力と出力から成ると提示したが[1]、これを少し詳細に見れば、入力、変換、出力の三段階から成ると捉えることができる［図序-1参照］。

入力とは国民の要求と支持を政治システムに伝え、政策の課題を設定する過程である。変換とは、コンピュータのキーボードをたたくことで発生した信号がディスプレイ上に日本語の文章となって現れるのと同じように、国民の要求に沿い、国民が拠出した資源を使いながら、具体的な法律、予算を作成するという過程である。そして、出力とはそのようにして出来上がった法律や予算を実施して、社会に働きかけを行う過程である。

入力過程は政治参加の過程でもある。代表民主主義の下で、政治家、政党は国民の希望や要求を捉え政策をテーマ化することに大きな努力を注ぐ。入力過程で最も重要な手段は選挙である。選挙を通して民意が発現し、政策課題が形成される。

変換過程は、設定された政策課題に対して具体的な解決策を作り出す過程である。これは政治と行政が交錯する世界である。国会議員自身が議員立法という形で変換作業を行うこともある。しかし、変換作業のほとんどは、国会で多数を占める与党が内閣を組織し、行政府の官僚制を使って具体的な作業をさせることで営まれる。

出力過程は、行政の世界である。中央、地方の行政職員が、法律を実施し、予算を執行することで、社会に働きかけている。

一九九〇年代にはこの三つの過程すべてで、深刻な機能不全が起こった。選挙制度を中心とする政治改革は、入力過程の改革であった。その根底には、国会の代表機能が低下し、国民の求める政策課題が十分に入力されないという問題が存在した。八〇年代以降、経済構造改革や安全保障などの重要な政策課題については、外圧などの「横からの入力」[2]がむしろ力を持った。国会議員が国民の持つ課題をより的確に入力できるよう、選挙制度が変えられた。

変換過程の問題は、官僚制の劣化、失敗であり、これを統御、是正できない内閣の弱体性であった。

官僚組織の硬直化、既得権の存在などによって、日本の政策形成システムは全体として、グローバリゼーション、少子高齢化、環境問題など巨大な環境変化に対応することができなくなった。そこで明らかになったのは、政策における需要と供給のミスマッチであった。国民は、ある意図を持ってキーボードをたたいているのに、ディスプレイに表れる文章はまったく別のものという状態が続いた。この変換システムを統御するオペレーション・システムは本来内閣が管理、統制するはずであった。しかし、官僚組織の縦割りの前に内閣は統制力を発揮できないままであった。ここにおいて、内閣の指導力や総合調整機能の強化という課題が日程に上ったのである。

出力過程は狭い意味での行政改革の課題であった。この時期に問題化したのは、日本の官僚制が持っていた伝統的な政策手法であった。官僚が大きな裁量を持ち、行政指導などによって経済活動を統制する、いわゆる裁量行政は、金融不祥事などが発覚した際に、世論の指弾を受けるところとなった。また、地方分権も出力過程にかかわる改革であった。日本の場合、機関委任事務や補助金行政に代表されるように、地方公共団体は国の行政の下部機関として位置づけられ、中央省庁の監督のもとで政策の実施に当たっていた。そのことが、補助金獲得をめぐる中央と地方の癒着（いわゆる官官接待）や、地方における様々な無駄を生んでいた。

三つの改革テーマのうち、政策の有効性を高めるためには、変換過程の改革が最も重要であった。日常的な政策形成の広大な領域を統括し、新しい時代に適応するために人や資源を有効に、体系的に使っていくという作業は、官僚ではなく政治的指導者にしかできないことである。まさに内閣こそがそのような指導機関として、より精力的に働かなければならないはずである。国民の期待に応えて政策を決定、実行するための権力の核として、内閣に対する関心が集まった。

しかし、内閣に関する政治学や憲法学の議論は、そのような現実的な関心に応えるものではなかった。あるものはきわめてドグマ的で、内閣の活動の実態からかけ離れたものであり、あるものは、権力の行使全般について警戒的なあまり、内閣を積極的に改革するという課題に何ら応えるものではない。国家の中で最大の権力を振るう主体であるはずの内閣について、学者も政治家も十分理解できていなかったのである。

本書では、議院内閣制の母国であるイギリスと日本との対比を織り交ぜながら、内閣制度の歴史を振り返り、制度の本質や特徴に関する法律的、政治的な理論を検討し、日本における内閣制度改革のあるべき方向を考察してみたい。また、一九九〇年代以後の日本における内閣制度の改革と、その運用の変化を追跡し、内閣を通して日本政治の今を読み解くこともあわせて試みたい。以下、Ⅰ章では、イギリスにおける内閣制度の生成と展開を追跡し、多様な内閣の特徴を捉えるために、モデルを理論的に考えてみたい。Ⅱ章では、明治以来の日本の内閣制度の展開を歴史的に概観し、その問題点を摘出したい。Ⅲ章では、日本における内閣制度をめぐる政治学、法律学の議論を再検討し、国民主権や民主主義の理念を実現するために、内閣をどのように位置づけるかを考察したい。Ⅳ章では、九〇年代以降の日本の内閣統治の変化を検証し、これからの日本政治にとって内閣制度の改革がどのような意味を持つかを考えることとしたい。

I章 内閣制度とは何か

1 内閣制度の発展と定着——イギリスを中心として

君主権力と議会権力の闘争

民主主義国家において、議会の多数派が内閣を構成し、行政府を支配する議院内閣制という制度の骨格はかなり広汎に普及している。しかし、議会と内閣の関係、内閣と与党の関係、内閣における調整や決定のメカニズム、行政府における内閣と官僚機構の関係など、内閣制度の現実的運用に関しては、未だに不明なことが多いように思える。一九世紀後半、イギリスの政治批評家ウォルター・バジョットは、内閣論の古典である『イギリス憲政論（*The English Constitution*）』の中で、「内閣に関して最も奇妙なことは、それがほとんど知られていないことである」と述べた(1)。

内閣制度は現代国家の統治機構として定着しているが、その起源はきわめて古い。内閣制度はイギリスにおいて生まれ、発達した。もともとイギリス中世の国王が、貴族を集めて諮問機関を作ったことが出発だったといわれている。一七世紀に国王が貴族や議会の有力者を集めて諮問会議を設置し、より実体的なものになった。さらに諮問会議の中に、中心的な少数のリーダーの合議体（cabinet）が形成され、王によって重用された。これが近代的内閣の起源である。一七、一八世紀には、国王と議会が抗争を繰り広げ、国王の諮問・執行機関である内閣は議会と対立する関係にあった。憲法学では、このような内閣制度を二元型議院内閣制と呼ぶ。国民から選ばれた議会と、行政権を保持する君主が任命した内閣とが拮抗するところが二元型と呼ばれるゆえんであった。

国王と議会の対立の様子は、たとえばイギリスの小説家、ロバート・ゴダードの歴史小説の中で描かれている。この小説は、一八世紀初頭の南海会社の破綻（いわゆるバブルの崩壊）と不正をめぐって議会と国王が対立している状況を舞台としている。以下は、議会による調査に対して大臣の使者（ダルリンプル）が抵抗する様子である。


「ロス将軍の使いでやってきた」

「どなたですか？」

「下院議員のチャールズ・ロス将軍。南海会社の失敗を調査している下院調査委員会のメンバーだ。……あんたはあらゆる必要な援助をわたしに与えることを求められている」

……ダルリンプルは書類を丹念に眺めた。それには下院の証印が押してあり、ロスの署名と、ダルリンプルもよく知っている、当該委員会の委員長、トマス・ブロドリックの副署名があった。

（中略）

「わたしが国務大臣と連絡をとったことは下院の委員会には関わりのないことです。……ケンピス（国務大臣）氏との交渉について、……わたしは勝手に話すわけにはいかないのです。国王陛下の大臣にならお答えしますが、下院には話せません」

「……あんたは、いまいましい、邪魔だてをする、もったいぶった小役人だと、委員会の報告書で名前をあげられたいのかね？」

（ロバート・ゴダード『今ふたたびの海　上』講談社、二〇〇二年、一六二―一六六頁より）

議会と国王が二元的に権力を保持し、議会が国王の行政権を牽制するとは、まさにこのような情景を意味するのであろう。

しかし、一八世紀初頭には王朝の交代があった。ドイツ、ハノーヴァー王であったジョージ一世がイギリス国王に即位し、ハノーヴァー王朝が発足した。ジョージ一世はイギリスの政情に疎く、国務の実際を内閣にゆだねた。一七二一年にウォルポールが首相に就任し、国王に選任された内閣が議会に対して責任を負うという責任内閣制が始まった。ここに近代的な議院内閣制の原型が誕生したのである。内閣は実質的な統治の主体として、権力を広げていった。議会が実質的には唯一の権力の源泉となり、内閣は議会の多数派が掌握するようになると、一元型議院内閣制が成立する。君主権力が後退した近現代民主主義においては、少数の例外を除き、議院内閣制はほとんど一元型である。[2]

ちなみに、ロバート・ダールは、アメリカ憲法論の中で、アメリカ憲法制定当時を振り返り、大統領制を構築したファウンディング・ファーザーたちが、イギリスの議院内閣制の展開を理解していなかったことを指摘している。ダールによれば、アメリカで議院内閣制が採用されなかったのは、その当時に議院内閣制というモデルがまだ存在していなかったことによる。ダールはこう述べている。

一七八七年の時点で、はっきりと知っていた人はいませんでしたが、制定会議の最中にも、イギリス政治体制は急速に変化しつつあったのです。最も重要なのは、議会に対して首相を押しつける権限を、君主が急激に失いつつあったことです。それとは逆の考え方が力をつけつつありました。すなわち、首相は議会の両院から信任投票をもらわなければならず、もしも信任を失った場合には、ただちに退任しなければならないという考え方です。しかし、イギリス政治体制におけるこの重大な変化は、一八三二年までは全面的に表面化せず、立案者たちがその可能性について知ることは時間的に無理でした。[3]

また、ダールは北欧、スペイン、日本など多くの民主主義国において、国家の統合を担保する象徴としての君主の存在が、議院内閣制の進化を促進したと指摘している。議会が選任した首相に君主が正統性をさらに与えたことで、首相の統治権が強化されたというのである。この点に関連して、バジヨットは君主を尊厳的部分（dignified part）、内閣を機能的部分（differential part）と呼んで区別しているが、尊厳的部分も政治体制全体の安定には重要な役割を果たしていることを重視する。また、ダールは民主主義の統治機構として、大統領制よりも議院内閣制の方が優れていると主張している。アメリカ大統領が権威と権力を併せ持つことから生じる混乱、選挙人を媒介とする選出方法がしばしばもたらす多数の民意と当選者の食い違い（最近の例として、二〇〇〇年選挙におけるブッシュの勝利がある）などがその理由である。

憲法学においては、議院内閣制の形成と定着について、次のように説明されている。近代立憲国家が生まれた際に、純粋な三権分立を制度化した統治機構と、君主権力との抗争の中で国民主権に基づいて形成された統治機構が存在した。前者はいうまでもなくアメリカ合衆国である。アメリカ憲法の起草者はモンテスキューの権力分立論を忠実に学び、これを制度化した。アメリカは、圧政的なイギリス議会の制定法と人権を侵害した州の法律に対する抗争を通じて形成されたので、立法権不信の思想が強い。その結果、三権は憲法の下で対等、同格と考えられた。これに対して、ヨーロッパ大陸諸国では、圧政的な支配者であった君主と君主に従属して権力を振るった裁判所に対する抗争を通じて近代立憲主義国家に生まれ変わったので、三権は同格ではなく、立法権が中心的地位にあると考えられた。[4]

政治学の用語を使えば、国民の代表者である選出勢力が議会を足場に権力を拡張し、非選出勢力である国王、官僚、裁判官などに対抗して統治権力を掌握したことになる。国民主権、権力分立、民主主義などは近代国家の統治機構を構成する重要な原理であるが、それらの結びつき方、重点の置き方は民主主義を形成した歴史的文脈によって異なる。白紙の上に人為的に統治機構をデザインしたアメリカにおいては、権力分立が字義通り理解され、制度化されているのに対して、現存した君主権力を侵食しつつ国民主権を実現したヨーロッパにおいては、議会の比重が大きいことを確認しておく必要がある。

一九世紀中頃には、キャビネットのリーダーは議会の多数党の党首をもって充てるという慣習が確立した[(5)]。ただし、古典的な内閣はあくまで有徳有識の指導的政治家が、自由、対等に国政を論議する委員会であり、首相は同輩中の首席（primus inter pares）と考えられてきた。

一九世紀後半から普通選挙制度の成立と近代的な組織政党の登場によって、内閣制度はさらに変化した。選挙で国民の支持を受けた多数党が内閣を構成し、与党の有力な政治家が閣僚として内閣を指導し、それによって国民に公約した政策を実行するという政党政治が定着した。また、大規模な選挙戦を戦うために政党組織が強化され、党首のリーダーシップが強まると、内閣における首相の指導力もそれに並行して強化された。こうして、古典的な内閣に代わって、首相を頂点とする執行機関としての内閣が二〇世紀の民主政治には定着していった。

行政国家における内閣——官僚制の発展と内閣

内閣の変容は、二〇世紀における政府機能の拡大、いわゆる行政国家の成立によっても促進された。

行政国家とは、行政府の役割が巨大化し、統治においても議会よりは行政府、特に官僚制が大きな力をふるうようになるという現象である。行政国家をもたらした原因としては、資本主義経済の高度な発展や都市化に伴って、社会資本整備、階級対立の緩和、公衆衛生や教育など政府の役割が急速に増加したことがあげられる。直接的な契機となったのは、二〇世紀の二度にわたる世界大戦、いわゆる総力戦の経験と、ロシアにおける社会主義体制の成立であった。社会や経済に政府が介入し、これを統制することが、経済の安定や戦争勝利にとって不可欠という状況が現れた。行政府はそうした社会経済の動員における司令塔の役割を担わざるを得なくなる。

そうなると、古典的な内閣におけるように、政策に関してはアマチュアである大臣が合議によって政策立案を行うことは、不可能となった。近代的な内閣が自由放任主義の夜警国家において成立したのであり、その発生の当初においては強力な官僚制を政治的に統率するという課題は存在しなかった。しかし、現代的な内閣は、制度形成の当初には想定されていなかった新しい難問に直面することとなった。即ち、官僚制の肥大化を前提として、行政国家を動かす頭脳とならなければならない。その意味で、二〇世紀に内閣が変容するのも当然であった。イギリスの場合、保守党は古典的内閣像に郷愁を持ち、労働党はビジネスライクな集権的内閣を好むという程度の違いはあるにせよ、戦中の総動員体制の中で形成された仕組みは、戦後にも引き継がれた(6)。

イギリスにおける内閣制度の展開を振り返ると、内閣という仕組みが時代状況に適応して進化を遂げてきたことが分かる。成文憲法を持たないイギリス故に、そのことが特に容易に起こったことは確かであろう。同時に、そこからは、内閣がそれぞれの時代の課題に応えていくためには、常に新たな慣習を積み重ねていくことが必要であるという教訓を読み取ることができる。ちなみに、イギリスにおいては、総選挙の後、国王が第一党の党首を首相に任命するということも、慣習である。換言すれば、内閣を実定的な法制度や理論的なドグマの中に固定化することには限界があるということである。国制（constitution）とは、法制度の上に様々な運用上の慣習や伝統が積み重なって形成されるものである。内閣制度を見る上で、特にこの法制度と慣習との関連が重要である。

バジョットの定式化——立法権力と行政権力の融合

ここで、バジョットの議論を出発点にしながら、統治機構としての議院内閣制がどのような特徴を持っているか、検討したい。近代国家において立憲主義が確立されると、権力分立が具体的な制度原理として実現された。議会、内閣、裁判所がそれぞれ異なる権能を持つことは容易に理解されよう。しかし、実際に国家を統治する上では、異なった作用を統合することが不可欠である。特に、法律・予算を決定する議会と、それを執行する行政府との間には、緊密な協力関係が必要となる。議会がすべて独力で法律や予算を作ることは現実には不可能であり、議会と行政府の間で何らかの相互浸透が不可避となる。そのことは、政府機能が拡大すればするほど重要となる。立法と行政という二つの機能をどのように分担し、また協力させるかという問いについて、近代の民主政治の歴史においては、議院内閣制と大統領制という二つの制度が作られた。そこで、大統領制との対比において、議院内閣制の特徴について考えてみたい。

二つの制度を比較検討する際、立法と行政の分離―融合という軸を立てることによって、相互の違いを明確に捉えることができる。大統領制は、言うまでもなく、権力分立原理を最も忠実に制度化したものであり、行政府と議会とは画然と分離されている。議会と大統領の間には、明確な役割分担と相互の抑制メカニズムが規定されている。議員は閣僚その他の行政府の公職に就くことはできない。他方、大統領は予算、法案を直接議会に提出することはできない。そして、議会だけでなく、行政府の長である大統領を国民が直接選ぶことによって、民主主義の原理を行政府に直接反映させている。

これに対して、バジョットが『イギリス憲政論』[7]で指摘したように、議院内閣制は権力の融合を最大の特徴としている。即ち、この制度においては議会の多数派が行政府の最高指導機関を形成し、通例、多数党の党首が首相となる。また、多数の与党議員が閣僚として行政府の指導的地位につき、それらの政治家が構成する内閣が行政府の意思決定機関となる。したがって、多数党は議会と同時に行政府をコントロールする。いわば、政権与党が要となって、立法と行政の二つの権力が融合するのである。多数党の基盤が安定していれば、内閣は自らの意思を議会で法律・予算の形に実現し、それを実行する強い力を持つことになる。したがって、単純な権力分立原理を議院内閣制に当てはめることは誤りである。

統治機構は、政党のあり方に影響を与え、また政党のあり方が特に内閣制度の運用に大きな影響を与えたことを見逃してはならない。内閣が議会に対して責任を負う責任内閣制が始まった当初は、政党はまだ結束の緩い名望家政党であった。しかし、議会の多数派が常に内閣を構成するという議院内閣制が定着するようになると、権力を創設し、これを安定的に維持するために、政党は結束を強めざるを得なくなる。アメリカのような大統領制における議会では政党の結束が緩く、党議拘束も存在しない。党の綱領や体系的な政策も持っていない。また、一つの党でも政策に関してはきわめて地域差が大きい。アメリカの政党はいわば大統領を選出するための選挙マシンである。これに対して、議院内閣制の下での政党において党議拘束を持ち、政党の規律が強いのは、権力の創出、維持の必要性故である。逆に言えば、議会における政党の縛りが弱く、政府が提出した法案や予算が与党の反対にあって否決されれば、安定した統治は不可能である。

普通選挙制の導入による有権者数の爆発的増加は、政党組織の凝集性の高まりをいっそう加速した。大規模な有権者に対して支持を訴えるためには、資金集め、宣伝、政策立案、候補者リクルートなど多くの作業が有機的に連関することが必要である。選挙に勝つためには、政党の組織は凝集性を高めなければならなくなる。かくして、二〇世紀において、議院内閣制を採る民主主義国では、政党組織の強化が左右の立場を問わず進行した。

近代的に集権化された政党が成立すると、内閣の運用も影響を受ける。体系的な政策と組織を持った政党が国政を担う場合、内閣はそうした政策を実現するための権力装置となる。内閣はもはや同等の政治家が集う議論と集団指導の場ではなく、首相が頂上のリーダーを務めるヒエラルヒーとなる。閣僚は首相の強い指導のもとで政務を執行することになり、閣議もある程度形骸化する。こうして、政党組織の変化に対応して、内閣自体が集権化されるのである。政党内閣のこのような運用は、イギリスのみならず議院内閣制を採る多くの民主主義国に共通する。したがって、議院内閣制における安定多数を持つ与党はきわめて大きな権力を持つ。日本ではしばしばアメリカ型の大統領が権力者の代名詞として語られるが、実際には議院内閣制における首相の方が、議会の抵抗がないという意味では、強い権力を振るえるのである。

政治と行政の結合、分離

ただし、同じく議院内閣制といっても、日本とイギリスでは、慣習、運用に大きな違いがある。また、大統領型の二元代表制といっても、アメリカと日本の地方自治体の知事・市長制度には大きな違いがある。これらの違いを理解するためには、行政府における政治と行政の分離、結合の軸を当てはめることが有効である。

ここで、政治と行政という二つの言葉について、最低限の定義をしておく必要がある。立法と行政については、実体としての議会や内閣・官僚制が存在するので、イメージすることは容易である。それとの類比で言えば、政治とは国民によって民主的に選ばれた政治家が行う活動で、行政とは専門能力に基づいて資格任用された官僚組織が行う活動という定義がまず可能である。議院内閣制の運用を分析する上では、そうした実体的定義に加えて、政治と行政の活動の特色について、機能的な説明をしておくことが有益であろう。

この点について、アメリカの比較官僚制研究において、パットナム他は、三つのイメージを整理している(8)。第一は、決定─実施という対比である。政治が政策を決定し、行政がこれを実行するという分担関係が想定されている。第二は、価値（利益）─事実という対比である。政治は政策が目指すべき価値や利益を提示し、行政はそれを実現するために、専門的な知識を駆使し、現実的な政策を立案するという分担関係である。第三は、エネルギー─均衡という対比である。政治は世の中の変化に対応して既存の政策を変化させるエネルギーを注入し、行政は世の中の安定のために政策の継続性を確保するという役割分担である。現実の政治─行政関係を一つのモデルで説明しきることは不可能であり、複数のモデルが重なり合って現実を構成している。これらのモデルを組み合わせれば、政治と行政の役割分担について次のようにまとめることができるであろう。

政治家の最大の役割は、国民の欲求を政策に反映させることである。したがって、国民の発する需要を察知する感覚、変化に対して敏感に反応する感受性が求められる。その意味で、政策の目指すべき価値観を提示することが政治の重要な役割となる。また、政治とは権力をめぐる競争と規定することもできる。競争においては常に国民の求める新しい政策が提示され、そのことが政策革新のダイナミズムを生み出すもととなる。そして、政治指導者に求められる最大の役割として、危機状況、例外状況に対して、日常的な規則や前例にとらわれずに決断を行うことがある。この点からも、政治という営為における変化への対応の重要性が説明される。まさに、政治は統治におけるエネルギーを供給する役割を担う。国民の意向や支持を背景に、変化を政策体系に伝達することが、政治の役割ということになる。

これに対して、官僚制は予測可能性を最大の行動原理としている。即ち、一定の規則に従って定型的に物事を処理していくことが、官僚制の活動の核心である。役所の窓口における証明書の交付や年金の給付などの事務処理が典型的な官僚制的行政の事例である。もちろん、現実の政策過程において官僚制が受動的な執行だけでなく、自ら積極的に立案を行うことは不可避である。ただし、その場合でも白紙の状態から全面的に新しい政策を創造するのではなく、既存の政策体系を前提としつつ部分的な修正によって対応を図るところに官僚制の行動様式が現れる。官僚制の政策立案は、社会経済の現実を無視することはできず、理念や願望よりも現実可能性が重視される。また、現在行っている政策との接続が重視され、なるべく現行の制度の枠内で環境変化のインパクトを吸収しようとする。その意味で、官僚制の行動は継続性を特徴としている。

このように対比される政治と行政という二つの要素をどのように組み合わせるかが、統治機構の制度設計をする上で重要な岐路となる。議院内閣制、大統領制を通じて、代表性と専門性をどのように反映させるかという点が、制度の特徴を形作る。

一つの方向として、民意を直接反映した政策立案という価値を重視するという路線がある。そうした発想のもとでは、選挙で選ばれたリーダーが行政府に自らと価値観や政策を共有する人間を配置して、リーダーシップが行き届きやすい仕組みを作ることが必要となる。

アメリカの大統領制においては、閣僚のほかに多くの政治的任命による官職が存在し、大統領に近

図Ⅰ-1　イギリス行政府における政治的任用数の推移

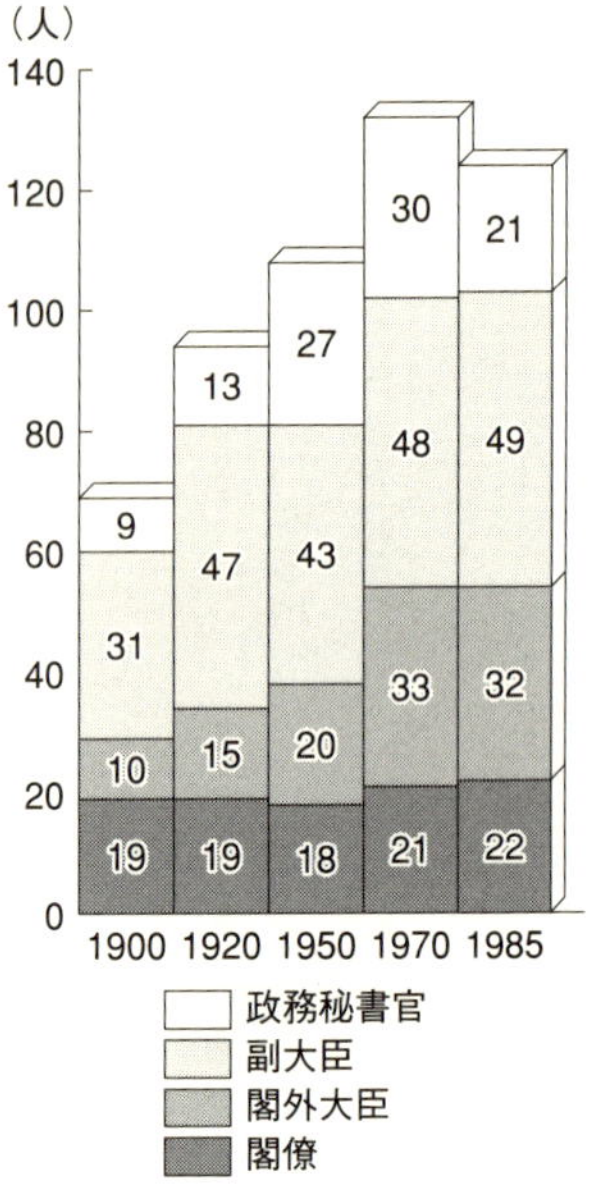

出典）　John Kingdom, *Government and Politics in Britain*, Polity, 1991, p. 317.

い専門家、学者、元議員（閣僚になれば議員を辞職しなければならない）などが充てられる。大統領が行政府の重要ポストを自由に任用することによって行政府に政治的要素が浸透し、一定の任期の間に大統領の政策を推進する体制を作ることがこの仕組みのねらいである。アメリカの場合、イギリスや日本と異なって常設の強大な官僚組織は存在しない。一定レベル以上の行政府の役職をすべて外部からの政治任用によって埋めることで、行政府に直接民意を吹き込むというのが、アメリカの発想である。

イギリスの議院内閣制においては、閣僚、政務次官などの指導的ポストに多数の与党の議員が充てられる。イギリスの場合、閣議の構成メンバーたる大臣のほかに、閣外大臣、政務次官（junior minister）、政務秘書官（parliamentary private secretary）など各種の政治任用のポストが存在し、一つの内閣で行政府の官職につく国会議員の数は一三〇から一四〇名程度である。［図Ⅰ-1］が示すとおり、政治任用の数は時代とともに増加してきた。

イギリスの与党は下院の三五〇から四〇〇程度の議席を持つのが通例であるから、与党議員の三分の一以上は行政府の官職についていることになる。また、与党議員団長（leader of the commons：日本で言えば幹事長に相当する）は、閣僚の一員であり、閣議の構成メンバーである。さらに総務会長（chief whip）も頻繁に閣議に出席し、政権運営に参加する。イギリスの場合、強力な官僚組織の存在を前提として、政治的要素が官僚制の上から結合し、政策立案や政権運営を行っているということができる。アメリカと異なり、議員が行政府のポストを兼務するのがイギリスの制度であるが、行政府に政治的要素が浸透していることは共通である。

これに対して、行政府における政治的要素の浸透を大臣などの最も高いレベルにとどめるべきという考え方もある。日本では、この発想によって、中央、地方を通して、行政府における政治の浸透が狭く限定されている。中央政府においては、政治的任用によって充足されるのは、大臣および各省庁一、二名の政務次官だけという時代が、二〇世紀後半、長く続いた。また、地方政府では政治的任用は副知事（助役）、出納長（収入役）という特別職に限られている。そして、その大半は中央省庁からの出向か、内部からの昇進であり、職業的行政官出身者がほとんどである。本来の意味での政治任用はきわめて珍しい。

権力の融合と分立、政治と行政の結合と分離という二つの軸を組み合わせると、［図Ⅰ-2］のような分類が可能となる。

図Ⅰ-2　統治機構の類型

	権力融合	
	日　本 議院内閣制	イギリス 議院内閣制
政治行政分離		政治行政結合
	日　本 地方自治体	アメリカ 大統領制
	権力分立	

日本における政治と行政の分離の実態については、後ほど詳しく検討する。ここでは、政治と行政の関係付けの背後にある理念の相違について考えておきたい。この点は、行政権力をどのように構成するかという、歴史的、理念的な背景が密接にかかわっていると思われる。社会契約説のモデルに従って、国家権力を国民の合意によって構成するという構築主義的な理念に立てば、行政権力は国民がコントロールすべきものとなる。したがって、国民の代表者、国民に選出されたリーダーが行政府の上層部に位置し、行政を指揮監督することが当然必要となる。アメリカの統治機構は、人為的に設計された民主体制であり、このような理解が可能である。アメリカでは、立法と行政が制度的にはっきり区別された上で、行政府の指導的階層に大統領による政治的任用を大量に入れることで、行政府の民主化が追求されている。

イギリスの場合、民主制の発達以前に中央集権的な国家権力が存在した。しかし、一七世紀から一九世紀にかけて、選出勢力が台頭し、国王が持っていた統治権力を侵食、簒奪した。その過渡期においては、国王と議会勢力が対立し、内戦も起こった。その結果、議会主権という理念が確立され、議会勢力が行政権力も掌握することで、統治機構の安定的な運用が確立された。イギリスでは、与党を通して立法と行政の二つの権力が融合した上で、行政府においては政治による行政の指揮統率が明確にされる。政治主導の基調の下で、政治と行政が結合していることができる。

ここで、政治と行政の結合という言葉について、補足しておきたい。政治と行政の結合とは、行政府の中に政治的リーダーが入り込み、その指導のもとで政治家（政治的任命職）と官僚が有機的に連関するという意味である。行政府に政治的要素が入ることを是認した上で、官僚がこれにどう対応するかについては、官僚制の中立化と、官僚制の政治化の二つの可能性がある。官僚制の中立化とは、イギリスに典型的に見られるように、官僚制がいかなる政治的指導者にも服従するという受動的、消極的存在になることを意味する。行政府における政治的要素の浸透を前提とした上で、官僚制と政党・政治家の間に明確な境界線を引くのがイギリスの仕組みである。これに対して、ドイツやフランスなどでは、官僚制自体の政治化が進んでいる。即ち、現役の官僚が党派性を明確にし、与党の入れ替わりによって登用される官僚も入れ替わるという形で、官僚制の運用が行われている。特に、フランスでは高級官僚が、与野党を問わず、政治家の供給源となっている。

日本の場合、近代的な国家制度が形成された後に、民主主義が徐々に広がった。第二次世界大戦の敗北の後、アメリカを中心とする占領軍によって民主化が進められ、新しい憲法体制の中で普通選挙や市民的自由など、近代民主政治の原理が確立された。しかし、行政機構、官僚制は継続したままであった。行政権力と民主政治についての理論的な転換は明確にはおきなかった。国家権力は先験的に存在するというのが日本における国法体制の前提であった。そこにおいては、権力分立原理は民主主義との関連ではなく、国家権力の役割分担として理解される。国家権力のうち、立法機能を議会が担い、司法機能を裁判所が担う。その二つの機能を除去した残余が行政であり、それを官僚制が担う。このような理解は控除説と呼ばれるが、控除説は戦後の民主主義的憲法体制においても引き継がれた。こうした図式においては、行政権力を保有、行使するのは職業的行政官の集団とされた。控除説の理解では、三権の間には上下関係は存在しない。特に、戦前の天皇主権の国家体制において、官僚制は天皇の官吏として大きな威信を持っていた。戦後の官僚制は、こうした威信は失ったが、依然として行政権の担い手として、行政権力の運用についてほかからの介入を許さないという体制が継続した。政治と行政の分離は、このような行政府の自立の現れということもできる。

官僚制は、その頂点において官僚とは異質の指導者を必要とするものである。君主制の時代には、君主がその指導者として君臨し、官僚は君主の家臣という位置づけを得られた。民主主義の体制においては、本来国民から選出された政治家が指導者となるはずである。日本においても制度上国会に指名された総理大臣が行政の頂点に君臨することになっているが、政治的意思を行政府に上から注入し、官僚制を政治的に指揮統率するという発想は乏しかった。後で述べるように、内閣に入った政治家は、むしろ政治色を薄めて行政の指導者となるという慣習が日本には存在した。先に示した政治と行政の機能的な対比を当てはめるならば、日本では変化への対応や、新しい価値観による政策の再編成よりも、継続性や安定性を重視して、統治機構の運用が行われてきたのである。

2　民主主義と議院内閣制

統治機構と政官関係のインターフェイス

前節で述べたように、民主主義体制における議院内閣制のあり方を考える際に、政治家と官僚制の関係（政官関係）をどのように制度化するかという問題がきわめて重要である。代表性と有効性・能率性という二つの異なった原理をどのように関係づけるかという問題と密接に関連している。政治家は国民から直接選出された点に正統性根拠を持つ。官僚制は、政策立案、政策実施における専門能力のゆえに正統性を持つ。この二つの原理は予定調和的に両立するわけではない。

ここで、政官関係のあるべきモデルについて整理しておきたい。政治家と官僚の間にあるべき関係としては、統制、協働、分離の三つが考えられる[9]。

統制とは、政治家が官僚制を指揮、統率するという規範である。国民主権の原理を敷衍すれば、国民から直接選ばれた政治家が官僚制を使い、国民に約束した政策を実現することこそ、民主政治の具体的な姿である。政治家は官僚制に指示を下し、官僚は政治家に服従するという関係は、民主政治に不可欠である。民主政治においては、代表性は有効性・能率性に優越する価値となる。

協働とは、一定の政策目的の実現のために、政治家と官僚制がそれぞれの特徴を生かして協力するという規範である。特に、官僚制が専門的能力を生かして合理的な政策立案を行うためには、官僚制に対して一定の裁量を与えて、迅速かつ自律的な意思決定が行えるようにすることも必要となる。

分離とは、行政機関による様々な利益配分を党派的な圧力からなるべく切り離すという原理である。予算の配分、公共事業や政府調達の発注、許認可の運用などは、関係者の利害に大きな影響を与えるため、政治家が自分への支持を拡大するための道具として利用するという誘惑が存在する。それゆえ、常に汚職、腐敗の原因となりやすい。のみならず、これらの資源配分や利害調整を政治的圧力によってねじ曲げれば、コストの上昇、能率の低下などが帰結される。そこで、行政機関における利益配分、利害調整の過程から党派性をなるべく排除して、公正な規則に則った活動を行う必要がある。分離とは、政治と行政の間にこうした意味での距離を置くという原理である。

三つの原理は自動的に調和するものではない。統制を重視すれば、政党政治が行政における利益配分にまで介入し、分離の規範を損なう可能性がある。協働を重視し、官僚制の合理的な活動を容易にすることを最大限追求するならば、目標設定や方向付けにおける政治のイニシアティブが空洞化し、統制の規範が損なわれるということも起こりうる。三つの原理をいかにして調和させるかは、政官関係をどのように制度化するかという課題と密接に連関している。

議院内閣制においては、アメリカ型の大統領制と異なり、常設の強力な官僚制が存在することが前提となっている。そして、与党政治家は立法府と行政府の両方にまたがって活動するので、政官関係はいくつかの局面に発生し、その内実を異にする。

政治家が行政組織の頂上に位置し、制度上の最終的決定権を持つことが、ただちに政治家による官僚制に対する実質的な指揮、統率を意味するかどうかは、議院内閣制において常に問われる問題である。制度の母国イギリスでも、行政国家の成立とともに、政策形成における官僚制の役割が拡大すれば、現実に大臣と官僚組織の間に統率―服従の関係を成り立たせるための工夫が必要となる。まして、近代的な政党政治の成立に先立って強力な官僚制が存在し、統治において大きな影響力を持っている国においては、政治家の実質的な優位を確保するという問題は特に深刻なものとなる。

政治による行政の統率やチェックを可能にするためには、政治と行政のインターフェイスをどのように作るかが重要となる。

第一の局面は、与党の指導的政治家を集めた内閣と官僚制の関係である。特に、政権交代が起こって、新しい政権が従来とは異なった政策を提示した場合に、内閣と官僚制の関係、あるいは閣僚と各省庁との間で政官のインターフェイスが発生する。いわば、内閣や各省組織のヒエラルヒーの政治的上層部と中堅以下の官僚制組織との接触のあり方が問題となる。そこでは、統制の規範が現実に守られているかどうかが問われることとなる。政策決定における政党の力量、さらには政党の存在意義がそこで現れることとなる。

第二の局面は、政策の立案、実施をめぐる与党政治家と官僚制の間の、公式・非公式の調整の過程である。閣僚を務める政治家は与党の中でも少数であり、多くの与党議員は立法府のメンバーとして、あるいはトップ指導者を補佐するレベルの指導者として、官僚制と向き合うこととなる。閣議による行政府の統率、独任制の大臣による各省官僚制の指揮監督は、いずれも形式的なものに陥りやすい。官僚制が日々作業する政策の量は膨大であり、一人の大臣や大臣の合議体である内閣がこれを実質的に統制することは不可能である。そこで、政治的な指導力を補強するために、実際の政策の形成過程において実質的な作業を行う官僚制と与党の政治家が接触し、政治の側からの意思を伝達し、官僚制の作業をチェックすることが必要となる。このようなインターフェイスの具体的な現れとしては、内閣や各省に大臣に準じる官職を設け、そこに与党の有力な政治家を配置し、行政府内の公式的な指揮命令関係を通してこのような統制や調整を行うという方式と、与党の議員が各省庁の官僚制とインフォーマルに接触して、調整や注文を行うという方式がありうる。

予算や法案の成立のためには議会における与党議員の賛成が不可欠であり、行政府がこれらの原案を作る過程から与党政治家と調整を行うことは、円滑な統治に必要なことである。議会に法案や予算を提出してから修正することは、様々な意味で非効率的であり、政策を円滑に推進するためには、議会に提案する前に与党の賛成を取り付ける方がはるかに効率的である。したがって、実質的に政策案を作成する官僚制にとっても、与党の意向を政策に反映させることは能率的な政策形成にとって必要である。そこでは、協働の規範の具体的なあり方が問われる。他方、与党政治家は政権についていることの有利を生かして、行政府に存在する様々な資源の運用に介入して、これを党派的に利用しようとすることも起こりうる。その際には、分離の規範のあり方が問われることとなる。

第三の局面は、議会と官僚制の関係である。議院内閣制においては議会のみが国民を直接代表する機関であり、それ故に強い正統性を持っている。ただし、与党の側は内閣を通して政策立案や官僚制の統制を行うことができるので、議会として政策の提起や官僚制のチェック活動を行うのは野党のイニシアティブによることが多い。そして、野党という立場上、それはほとんど官僚制に対する批判的な活動である。第三の局面は、野党と官僚制との関係と言い換えることもできる。そして、この局面では、国民の代表が官僚制を批判的な観点からチェックするという意味において、議会と官僚制の間の統制の関係が問われることとなる。

この後に述べるように、議院内閣制においては政党間の健全な競争や政権交代がきわめて重要な意味を持っている。したがって、選挙のときだけではなく、日ごろから与野党間の政策論戦が国民の目の前で行われる必要がある。野党から与党を批判し、代案を提示しようとする場合、抽象的なスローガンだけでは無力であり、ある程度内容を練り上げる必要がある。そのためには、野党の側から官僚制の活動についてその実態を把握し、官僚制の政策立案の基礎になっている様々な情報に接近する必要がある。そこで、野党政治家は一方で官僚制に依存しつつ、他方でこれを批判するという両面の関係を官僚制との間で形成しなければならない。このようなインターフェイスを具体的に形成するにも、いくつかの方法がある。官僚を積極的に議会に引き出し、議会の調査権能を発揮して、政策論議や問題追及を深めるという方法がありうる。また、与野党の間で政党同士の対立を演出するという観点から、むしろ官僚を排除して、野党は官僚の使用者である内閣幹部を追及するという方法もある。

このように議院内閣制においては、政官関係は様々な形で現れる。多様な政官関係について、どのような制度を作り、内閣の運用についての慣習を形成していくかによって、内閣制度の個性が形作られていく。

内閣の役割――政策の統合

政治的指導力の中枢としての内閣は、政策形成の中でどのような役割を担うのであろうか。ここで、以前に筆者自身が試みた政策類型のモデルを利用しながら、内閣に期待される作用、現実に果たしている作用について考察してみたい。

もともと筆者は政策形成に関わる官僚や政治家などのアクターの行動様式と、彼らが関わる政策の種類との対応関係を見るために、政策の類型化を試みた。この図式では、統治における「制度化―状況化」と、「統合―分散」という二つの軸で政策を分類する。

制度化とは、政策を安定的な体系に組み上げ、これを長期的に継続させるという行動原理である。政府が的確に統治を行うためには、個別の問題に場当たり的に対応するのではなく、ある程度の長期的な展望のもとに、個々の問題解決が依拠するルールや枠組みを構築することが不可欠である。たとえば、社会保障政策の持続のためには、人口動態を適切に把握し、負担と給付のバランス構造を構想しなければならない。そうした構築の作業が制度化である。さらに、問題に対して不変の基準を適用することによって統治に関する予測可能性や計算可能性を確保することが制度化の重要な要素である。

こうした制度化のモメントに対抗するベクトルを状況化と呼ぶ。安定、均衡している制度の体系を相対化し、何らかの意味での変化を要求する作業が状況化である。状況化の具体的な現れとしては、制度の依拠する価値観や理念のレベルで異議申し立てや批判を行うという方向と、制度が硬直化し、杓子定規となることで制度と現実の乖離が拡大することに対して批判、攻撃を行うという二つの方向があり得る。価値観や理念のレベルで批判を行うという作業は、制度や政策の方向付けをめぐる理念の競争、対抗という形を取る。一般に言われる政党、政治家の政策論争はほとんどこのような理念レベルでの競争や対抗の営みである。このような政治のスタイルは、オピニオン・ポリティクスと呼ばれる。抽象的な言葉によって状況を作り出すのがオピニオン・ポリティクスである。

他方、現実に基づいて制度の硬直性や変化への不適応を批判するという作業も、実際の政治の中では頻繁に現れる。「大岡政談」の昔から、人々が政治に期待する重要な役割の一つは、制度の硬直性を打開し、実質的な妥当性や、さらに言えばカタルシスをもたらすことである。その意味で、事実の次元から制度化のモメントに挑戦することも政治の役割である。このような政治スタイルが徹底されれば、利益政治やドブ板政治となる。こちらの方は、社会の現実や人間の欲求を伝達することによって状況を作り出すのである。

次に、もう一つの軸である統合と分散について説明しておきたい。統合とは、農業政策、教育政策など政策体系を構成するサブシステムの間で整合性を確保し、一定の資源の枠の中で矛盾なくまとめる作用である。これには、予算や人的資源などの資源の制約の中で諸部門の調整を図る作用（たとえば予算編成、定員管理）と、政策立案・実施の手続きの面から通則的なルールに基づいて調整を図るという作用（内閣法制局による法令審査、行政手続や行政組織のルール化）がある。政策のサブシステムの各部門が自己増殖的に拡大していけば、資源の限界によりたちまち統治は破綻してしまう。したがって、単にサブシステムの総和を計算するという作業を超えて、全体的な観点からサブシステムを統合する作業が不可欠となる。

これに対して分散とは全体的な整合性を重視するのではなく、特定の分野における具体的な問題解決や当事者の欲求充足を志向するというモメントである。現実の政策過程においては、具体的な顧客集団を持つ行政機関とそうした顧客集団の支持により選出された政治家は分散の方向に向かって動く。

二つのモメントを担うアクターの視座構造[10]を対比すれば、統合を進める者は構成的視座を持つ。様々な部分を相互に関連づけて、全体の構図に関心を向けるのである。他方分散を進める者は羅列的視座を持つ。関心を個別問題に限定し、これを解決することに関心を向けるのである。たとえて言えば、分散が詰め碁の解決のような作業であるとすると、統合は布石と中盤構想の作業である。

それぞれの基準を当てはめることによって政策の分類が可能となる[11]。制度化のモメントが最大限発揮される政策を基本設計と呼ぶ。これは、経済計画や国土計画のように、政策システム全体の総体的構図を規定するものである。そこでは、政策システムの目標が定式化され、それを実現するための政策手段が提示される。政策の対象が多岐にわたり、政策が細分化すればするほど、諸政策の整合性を保つことは困難かつ重要となる。基本設計的政策は、長期的な視野に立って、このシステムとしての整合性、統合性を保つためのデザインを描くものである。

こうした安定的枠組みを、理念のレベルから状況化する政策を概念提示的政策と呼ぶ。これは、議会における施政方針演説や選挙の際のマニフェストなど、政策システム全体を方向づけるコンセプトを示すものである。概念提示的政策は、選挙や国会論戦など、政治的競争の中で活発に生産される。

それは政治の現状を肯定するのではなく、何らかの意味で変化を志向するシンボルである。既存の政策体系の安定性、継続性を否定するという意味で、概念提示的政策は状況化をもたらす。

また、現実のレベルから状況化する政策を実施設計的政策と呼ぶ。これは明確な顧客集団を持ち、政府がこれに対して財・サービスの給付、行動の規制などの働きかけを行い、顧客集団をコントロールするという具体的な政策である。また、そのための裏づけとなる予算、人員、権限などの資源の裏づけを持っている。このレベルの政策は、社会における具体的な問題の解決を志向し、顧客集団の欲求を満足させることを目指すものである。こうした政策の形成、実施の過程においては、必然的に政策を管轄する官僚制に加え、顧客集団自身、およびその代理人たる政治家が関与することになる。

統合のモメントを追求する政策には、実体的な資源配分の全体像を示したものと、政府のあり方や政治、行政の手続きを定めた構造的（constitutional）な政策の二つがある。前者は予算や経済計画、国土計画などの政策であり、これを総合機能的政策と呼ぶ。後者は憲法やそれに付属する政治、行政、地方自治の制度などであり、これを構造的政策と呼ぶ。いわば、総合調整の機能にかかわる政策が統合的な部分である。これに対して、経済活動の特定領域、社会管理の特定の分野を対象とするのが、個別機能的政策である。

二種類の軸を組み合わせることによって、［図I-3］のような政策の類型化が可能となる。

この政策の類型に内閣、政治家、各省官僚制などのアクターの行動を投影すると、それぞれの行動を特徴付けることができる。それぞれのタイプの政策に応じて、その立案や維持管理を担当するアク

図Ⅰ-3　政策の諸類型

	構　造	総合機能	個別機能
概念提示	憲法改正 地方の時代 小さな政府	所得倍増 社会開発 列島改造	1世帯1住宅 農業近代化
基本設計	行政改革 地方制度改革	経済計画 財政計画 国土計画	住宅建設5ヵ年計画 農業基本法
実施設計	情報公開 定員管理 選挙制度	予算 税制 財投	個別具体的政策

ターが存在し、それぞれのアクターは統治にかかわる争点を自らの領域の争点と定義し、自らの得意な処理方法に引き込もうとする。たとえば、財政赤字の削減という問題について、財政当局は財政負担の軽減という観点から問題を定義し、福祉、教育など各領域の実態的な政策を担当する官僚制およびその背後にいる政治家は、自らの政策の維持を図る機会として定義する。

制度に対して、価値や理念のレベルから挑戦するという対抗関係は、概念提示レベルの政策形成主体と、基本設計レベルのそれとの対抗である。ある争点について概念提示レベルの政策提起が活発に行われ、制度に対する再検討が促されれば、行政に対する政治の主導性は発揮される。逆に、官僚制の維持する制度が磐石で、概念提示レベルでの争点化を抑止する場合、政治は貧困化する。先に紹介したパットナムらの整理におけるエネルギー対均衡というイメージがこの対抗関係を指している。

制度に対して事実のレベルから批判を加えるという作業は、基本設計レベルの政策形成と実施設計レベルのそれとの対抗として捉えることもできる。これは、パットナムらの図式における利益対事実の対抗軸を指している。

統合と分散の対抗は、総合機能的政策にかかわるアクターと個別機能的政策のそれとの対抗として現れる。ここで問題となるのは、総合機能的政策にかかわることについて、政治的誘因がほとんど働かないことである。個別分野での政策運営で関係者に恩恵を提供することは、政治家にとって強い動機付けが存在する。しかし、総合機能的政策の観点から個別分野の政策の縮小、廃止などを推進することは、政治家にとって支持を失う原因となりやすく、動機付けは働かない。部分的（あるいは党派的）利益にかかわる政治に対して、全体的なバランスを追求する行政が対抗するというイメージは、総合機能的政策を担当する官僚制と個別領域の政策を担当する官僚制プラス政治家の連合体が、政策争点の問題設定をめぐって対抗するということである。しかし、官僚制のみが総合機能的政策の次元での問題設定にかかわり、これを顧慮する政党の側の指導者がいなくなれば、政治的リーダーシップの危機が現出する。

この中で本来内閣が果たすべき役割は、どのように説明されるであろうか。まず、状況化、制度化の軸で考えてみよう。池田勇人政権における「所得倍増」、田中角栄政権における「日本列島改造」などの事例に現れたように、内閣は誕生の際に新しい概念提示的政策を打ち出すものである。新たな政治主体が権力を持つとき、現状からの変化を訴えるのは政治の宿命である。したがって、内閣は概念提示的政策の最も有力な提唱者である。内閣は時折新たな理念を示すことによって、陳腐化した制度にイノベーションを起こすという重要な役割を担うのである。また、概念を具体化し、制度を構築する作業を監理することも内閣の重要な任務である。基本設計レベルの重要な政策は、内閣直属の諮問機関などで審議、形成されることが多い。そうした作業にも、内閣の指導力は発揮されうる。

次に、統合と分散の軸で考えてみる。先に述べたように、統合という作用には政治的な誘因が働きにくい。だからこそ、政治的指導力の結集体である内閣が個別的利害を乗り越えて、総合機能的政策の形成に政治的なイニシアティブを発揮することが内閣には求められる。その点で、内閣は各省大臣の合議体ではなく、国政全体を見渡して全体的な政策のデザインを描く国務大臣の合議体となる必要がある。

権力の集中と抑制

ここまでは、政治的意思をどのように政府の中で貫徹するかという関心から、政官関係や内閣の行動パターンを検討してきた。政官関係のインターフェイスが整備され、政治的意思が的確に官僚制に伝達されるならば、議院内閣制は政治的意思の実現にとって、大統領制よりも好都合な制度となる。この点は権力の融合に関連して説明したとおりである。与党が強い力を発揮して、国民に約束した政策をなるべく妥協せずに実現することこそ、議院内閣制における民主主義の理念である。しかし、民主主義との関連で議院内閣制を考えたとき、権力の集中によってその行使を容易にする側面と並んで、権力の暴走を防ぐという側面も重要な課題である。そして、議院内閣制には権力の抑制という面では大きな欠落が存在する。

この点について、バーナード・クリックのイギリス議会論[12]を紹介しながら、考察してみたい。クリックは、バジョットが指摘した権力の融合という議論を受けて、政党組織の強化を経て、権力の融合がいっそう加速されたことを指摘する。彼は、イギリスを自由主義諸国の中で権力・権威の集中が最も進んだ国だと言う。内閣が議会の信任に基礎を置き、議会の多数党の党首＝首相を頂点とする規律がある限り、内閣は他の政治主体には拘束されない。議会主権というイギリス伝統の理念について、クリックは、法律を制定する議会は自分自身以外、何者にも拘束されないという意味であると述べている。政党の組織化や規律強化が進んでいる現在、議会とは具体的には多数党を意味する。したがって、多数党はきわめて強い権力を握る。クリックはイギリスの政府を「公開の場で世論にさらされる専制」と呼んでいる。民主主義である限り、野党も存在するが、多数決原理の前に野党は無力である。

クリックのこうした議論は、イギリス政治を対象としているが、成文憲法を持ち、議会に立法や国政調査の権能を認めている他の国の議院内閣制にも、ほとんど当てはまる。なぜなら、議会に立法や調査権が存在していても、議会の多数がそれを積極的に行使することはありえないからである。与党は議会独自の政策立案などと気負う必要はなく、官僚を使いながら政府提出法案として政策を立案できる。議員立法に熱心になるのは官僚を使えない野党であるが、野党が少数である以上、どんな立派な法案を作っても、それが可決、成立する可能性はない。官僚が自ら手をつけようとしないテーマで、与野党が一致できるという例外的な状況でのみ、議員立法は実現する。国政調査権についても同様である。そもそも国政調査権なるものは、政府が失敗や罪を犯した場合にこそ、これを追及、糾明するために必要とされる。したがって、与党は調査権の発動に対して常に消極的な対応をとる。積極的に調査活動を行い、政府や官僚の悪を暴きだすことなど、与党としての自殺行為である。与党が消極的であり、議会として意思決定できないならば、国政調査権は絵に描いた餅となる。なまじ議会に強い立法、調査権限が認められていれば、かえってそれを具体的に活用できないことに対する欲求不満がたまる。政府与党の結合体に対する抑制の仕組みは、議院内閣制には備わっていないのである。

党議拘束を緩和して、議員が自らの見識を持って内閣と緊張関係を保つという主張も理念としてはありうる。しかし、そうした主張が実現するための現実的な条件を考える必要がある。一つの方法は、二院制の活用である。下院とは異なる選出原理によって構成された第二院に、統治への拒否権を与えない範囲内で強い調査権や法案提出権を与え、内閣を牽制するという仕組みが、議院内閣制においても可能である。拒否権と牽制機能の境界は微妙であるが、調査権が強すぎて政権を脅かす対抗権力になるならば、内閣は権力の安定のために第二院を政党化し、自らを支える多数派を形成しようとするに違いない。

もう一つの方法は、ある種の調査権について、議会としての意思決定を不要にし、少数者に直接これを付与するというやり方である。一定数以上の議員や個々の議員に政府の持つ資料の提出や証人喚問を要求する権限を与えることで、調査権を実質化することが可能となる。

権力の抑制機能を欠いている議院内閣制において、最終的な歯止めとなるのは選挙における民意の発現である。権力が融合した内閣も、総選挙で敗北すれば崩壊する。権力の暴走や多数の専制に対しては、国民が選挙で歯止めをかけるしかない。政権交代を欠いた議院内閣制は、その意味で危険な政体である。

議院内閣制における権力の抑制をこのように捉えるならば、議会の役割についても、大統領制における立法府とは異なる位置づけが必要になる。アメリカの大統領制における議会は、まさに立法府として、主体的に政策立案や広汎な調査活動を行う。しかし、議院内閣制の議会は、すでに述べた通り政府が提出する法案や予算を可決、成立させることを最大の任務としている。したがって、議会は与野党が政治的に対決し、その時々の政策課題に関する選択肢を示す議論の場という性格を持つ。次の選挙において国民が有意義な選択を行えるよう、政府の実績や与野党の政策について情報を提供することこそ、議会の最も重要な役割ということになる。

立法過程研究では、議会について二つのモデルが示されている。第一は変換型で第二はアリーナ型である。変換型とは、アメリカの議会のように、立法の主体となる議会である。アメリカ議会は、議員の自立性が高く、調査研究スタッフも充実している。立法はすべて形式上議員立法として行われ、議会は政策立案、決定の主体となる。アリーナ型とは、議会が与野党の論戦の舞台となる場合である。既に述べたように、議院内閣制の議会においては党議拘束が不可避であり、議員の自立的な立法活動には制約がある。したがって、アリーナ型の議会となる傾向がある。

しかし、議院内閣制において変換型の議会の要素をすべて排除する必要はない[13]。野党が政権構想を練り、政策能力を鍛えていくために、また強大な内閣に対して議会として調査、追及を行うために、変換型の議会が立法調査、国政調査の機能を持つことはむしろ望ましい。そのための条件整備が、議会改革の目的となる。立法や調査に関する権能も、それ自体として行使するというより、野党が政府に対抗して政策能力を磨き、政府の問題点を攻撃するための手段として位置づける必要がある。議院内閣制の円滑な運用にとって、政権交代は不可欠であり、そのためには野党が常に政権を担える状態を保つ必要がある。議会に付与された様々な権能、資源はもっぱら野党によって活用されることになるのは必然である。その意味で、議院内閣制を民主主義的に運用するためにも、野党が活発に活動できる強力な議会を持つ必要がある。

3 議院内閣制の二つのモデル

内閣制度は、議会の多数派が行政権を掌握するという共通の仕組みの上に、国によって様々なバリエーションが存在する。政官関係、議会制度、選挙制度、政党構造など制度や慣習が、内閣制度と重なり合い、全体としてそれぞれの国の国制を形成している。ここで、議院内閣制についてのモデルを提示してみたい。このモデルは、イギリスと日本の対比を中心に、内閣制度の実態を観察することによって、帰納的に構築されたものである。

下降型――ウェストミンスター・モデル

このタイプは、イギリスを念頭においている。特にイギリスのモデルは、しばしば議会の所在地名を取って、ウェストミンスター・モデルと呼ばれる。そこにおいては、内閣は議会の多数勢力の指導者が構成する統治の最高指導機関となる。そして、首相はその中の究極の責任者である。内閣は各省庁を担当する閣僚の集まる会議の場ではなく、意思決定の主体としての合議体である。まさに、主体的に政策体系を構築し、危機や環境変動に対応する政策を決定する。その意味で、内閣は官僚機構を動かすための政治的エネルギーを蓄積する巨大なダムのようなものである。閣僚は担当省庁の責任者であると同時に、自らの管轄する省庁の組織的利益を離れて、内閣の構成員として政治的な意思の形成に参画する。

このモデルにおいては、国民から選ばれた政党勢力が行政機構の官僚制を統率し、方向付ける主体というアイデンティティを持って内閣を形成する。そして、このタイプの内閣は確かに行政機構の頂上に位置するが、組織原理や正統性根拠が官僚制とは異質であり、行政組織を構成する常設の官僚制に対しては距離や緊張感を持っているということができる。内閣は、政党部門の有力な幹部や指導者を網羅して、最強の陣容を整えることこそが、その成功の鍵となる。政党部門の力量を内閣に結集することこそ、官僚機構に対抗して自らの政策を遂行するための不可欠の条件となるのである。そうした条件が整ったとき、初めて内閣は行政機構の再編成や官僚機構の既得権を奪うような改革、政策転換を主導する役割を担えるのである。下降型のモデルにおいては、政党が政策立案についても、組織運営上の資源調達（資金調達、人材のリクルートなど）についても、行政機構から自立していることが前提条件となる。

内閣が政治的なエネルギーを蓄積するためには、権力の正統性に関する国民の信任と、政策に関する国民の負託（マンデート mandate）が不可欠である。そうした信任や負託を生み出す仕組みとしては、選挙がきわめて重要な意味を持つ。選挙において、「政党、指導者（首相候補）、政策」の三位一体が提示され、国民がそれを選択することによって、信任や負託が生まれるのである。三位一体とは、国民は一票を投じることによってその選挙区の候補者を選ぶだけではなく、どの党を政権につけるか、誰を首相の座に据えるのか、そして、その政権がどのような政策を実現するかという三つの課題について同時に選択できるということである。

先に紹介したクリックの議会制論にもあったように、選挙こそは政府・与党の権力融合体に対して国民が評価し、歯止めをかける唯一にして最後の手段である。そうした位置づけは、イギリスの政治社会に定着している。政党はマニフェスト（政権政策集）を提示して、政権獲得後の政策について国民に訴え、国民も個々の選挙区の政治家ではなく、どちらの党、どちらの党首を政権につけるかを第一の基準にして選択する。

選挙がこのような意義を持つならば、政党はこれに勝ちぬくために、下降型の内閣モデルを採用、実現することが必然となる（イギリスでは野党もシャドー・キャビネットを作っており、内閣の運用の構図は与野党で平行している）。目指すべき政策と、それを実現するために官僚機構を使いこなす政治的実力の二つの要素について国民が納得しなければ、支持はされない。したがって、首相に党の最良の政治家を据え、内閣に政党のオールスターを集めることがどうしても必要となる。政府を指揮する政治的力量と目指すべき政策を示すことによって、政党は選挙に勝利できる。それができなければ、政権交代が起こるだけである。つまり、選挙における三位一体は、選挙後に成立した内閣における下降モデルを支えることになるのである。

上昇型――日本モデル

第二のモデルは、上昇型である。この型の内閣は、単に閣僚が寄り合いを行う場、いわば「空虚な中心」ともいうべき存在であり、それ自体が意思決定の主体ではない。バジョットの言葉を使えば、本来機能的部分であるはずの内閣が、尊厳的部分になってしまい、政府提出法案や人事案件などについて最終的決定を行う形式的、儀礼的機関となる。閣僚は担当省庁の利益代表として行動し、閣議はそうした行政組織の割拠性の反映の場となる。この型の内閣は統治の要というよりも、個別の行政組織が自己利益を追求する際の下からの圧力の吹き出し口のようなものである。その意味で、この型の内閣を上昇型と呼ぶことができる。

このタイプの内閣において、政権与党とは何よりも行政官僚制の持つ各種の資源、利益に対する最も有利な、独占的なアクセスを可能にする機関という意味を持つ。閣僚はその中でも最も重要なアクセスポイントである。この場合、政党はたとえば予算や権限の運用の見返りに政治資金を調達するなど、政策形成や組織運営上の資源調達について官僚制に依存、寄生しているがゆえに、既存の官僚組織や制度を所与の前提として行動する。官僚の既得権に挑戦することはむしろ政党の利益に反することになるので、こうした課題についての政治的リーダーシップは働きにくい。

政府が様々な資源を集中的に管理していることを前提として、政治という営為が国家の持つ様々な資源へアクセスし、これを特定の集団に対して特恵的に配分する作業として理解されているところでは、このような行動様式を持った政党が現れるであろう。

上昇型の内閣が存在する政体では、選挙のあり方も下降型と異なったものとなる。上昇型の内閣は選挙における三位一体を必要としない。個別的な資源分配が選挙の際の有権者の判断基準であれば、体系的なマニフェストも必要ない。また、政策の体系を転換、改革するという巨視的な課題が存在せず、官僚制が構築した既存の政策体系の維持、管理が内閣の主たる任務であれば、そのような内閣には必ずしも与党のオールスターが集まる必要もない。また、内閣の最高責任者である首相候補者について、政党が国民に問うことも必ずしも行われない。

上昇型というモデルは、日本の内閣の観察から導かれたものであるが、このモデルの妥当性は日本に限定されないであろう。行政国家の形成が政党政治の確立に先行し、政党政治家の役割が政府の持つ巨大な資源や利権へのアクセスにあるという政治土壌においては、こうしたモデルの内閣が現れるであろう。

議会中心主義と内閣中心主義

議院内閣制の類型化について、憲法学では均衡本質論と責任本質論という二つの概念がある。前者は、議会と行政府の対等性を重視し、内閣による議会の解散権の有無およびその形態が議院内閣制を規定するという考えである。これに対して後者は、内閣は議会の信任に基礎を置き、常に議会に対して連帯して責任を負うべきという考え方である。しかし、このような類型化は、議院内閣制の初期の段階の経験に引きずられたもので、現代の議院内閣制を分析する視角としては有益ではない。現代の民主国家においては、君主など超越的な権力が行政権を保持することはありえない。形式的な任命権は国王が持つ国もあるが、議会において内閣の首班を指名することが通例であり、内閣は常に議会の信任に基礎を置いている。その意味では、現代民主制における内閣は責任本質論で説明される。

責任本質論を前提とした上で、さらに議会と内閣の関係を観察すると、国による違いが現れる。毛桂栄は、議会中心主義—内閣中心主義という軸と、統率型—集約型という軸の二つを組み合わせて、議院内閣制の分類を試みている[14]。議会中心主義とは、国民に選ばれた議員が行政権の構成について議論、選択するという仕組みである。国民はあくまで代表者たる議員を選ぶのであって、内閣の構成は議員の責任において行われる。したがって、議会選挙の段階では国民は自らの選択がどのような内閣の構成につながるか知ることはできない。これに対して内閣中心主義とは、議会の選挙を内閣の構成の前段と捉える考え方である。政党は選挙後の内閣の首班や基本政策を明示して選挙を戦い、国民もそれを承知の上で投票する。国民の意思によって議会の構成のみならず、内閣の構成をも規定するという点に内閣中心主義の本質がある。毛は政策形成におけるトップダウン（統率）とボトムアップ（集約）という軸を重ねて、［図I-4］のような類型化を示している。

図のAが本章でいう下降型、Cが上昇型に対応する。下降型は、議会と内閣の緊密な結合を特徴としており、議会選挙に示された国民の意思を内閣の運営において表現することで、政策実現の原動力

図Ⅰ-4　議院内閣制の類型化

内閣権力の政治基盤の軸		
「議会中心構想」	B	C（日本）
「内閣中心構想」	A（英国）	D
執行権の強化と統合	統率型（top-down）	集約型（bottom-up）

行政運営モデルの軸

出典）毛桂栄「日本の議院内閣制」『明治学院大学法学研究』62号，1997年，96頁.

を作り出す。上昇型は、反対に、議会選挙に示された民意が必ずしも内閣運営に表現されず、政策形成は既存の官僚組織を前提としたボトムアップのスタイルで行われる。

毛のモデルは、この二つ以外にも内閣制の運用がありうることを示している。Bの議会中心であり、統率型の内閣とは、比例代表制のもとで傑出した政党が存在せず、政党間の協議で連立政権を形成するが、連立政権の政策協定の実施については政党が責任を持って強力に推進していくというイメージである。政党間の交渉で政権の形を決めるという点で議会中心主義であるが、政党が凝集性を持ち、リーダーに人を得るならば、そのような内閣でも政治的指導力のもとでトップダウン型の政策運営は可能となる。こうした例はかつてのドイツなど大陸ヨーロッパ諸国に見られる。

Dの内閣中心主義でボトムアップ型の政権運営を行う場合とは、選挙に現れた民意によって内閣を形成するが、与党が十分な凝集性や明確な政権政策を持たない場合に現れる。イギリスの内閣は、規範的モデルとしてはAに分類されているが、状況によってはDに近い運用が行われることもあるであろう。特に、首相が任期途中で勇退し、選挙の洗礼を受けないまま後継者が政権を運営するような場合、Dのモデルが出現することもあるであろう。

このように、議院内閣制の多様性を無視することは適切ではない。ただし、本書は日本における議院内閣制の特徴や変化を分析することを主題としている。その際には、イギリス型のモデルと対比することがきわめて有益と考えるので、以下では主として下降型と上昇型の二つの類型の比較を通して、この主題に迫っていきたい。

Ⅱ章 日本の内閣制度はどのように展開してきたか

1 明治憲法体制と内閣

内閣制度の始まり

ここでは、『内閣制度百年史』、『日本内閣史録』（林茂、辻清明編）などの資料によりつつ、日本の内閣制度に関して歴史的概観を行っておきたい。日本における近代的内閣制度は、一八八五（明治一八）年一二月に発足した。明治維新からそれまで続いた太政官制に代わって、内閣職権が制定された。太政官制は律令時代の仕組みであり、これを近代国家に当てはめても、無理をきたすことは必然であった。太政官は形式上すべての省を統率、監督する権限を持ち、各省大臣（当時の名称は卿）は太政大臣に隷属する分官にすぎなかった。そのため、あらゆる行政事務が太政大臣を経由することとなり、各省大臣は業務の遂行に当たって太政官の裁可を受けなければならなかった。しかし、太政官がすべてを統率できるはずはなく、形式上の権限と実質的な業務のずれによって結局責任の所在もあいまいとなった。他方、各省大臣と並んで、参議が存在し、執政府におけるリーダーの足並みは決して容易にそろわなかった。これでは国政は停滞するのが当然であり、近代的な内閣制度の確立は必然の課題となった。

内閣制度が創設された理由として、辻清明は次の三つを紹介している(1)。

第一は、国会開設に対応して、近代的な内閣制度を設ける必要があったという説明である。明治一四(一八八一)年の政変の際に、国会開設の詔勅が発布されており、憲法制定が実現すれば程なく国会を創設することは既定の路線であった。そこで、立法府に対応して行政府もヨーロッパ諸国と同様の近代的な内閣制度に移行することが必要だったという事情が存在した。西園寺公望(当時ウィーン駐在公使)、金子堅太郎(伊藤博文の秘書)らは、内閣制度の発足により近い将来議会が開設されても心配ない旨の発言をしていた。

第二は、伊藤博文の権力欲から説明する仮説である。太政官政府の混迷の中で、伊藤を右大臣の職に就けようとする動きが起こったが、伊藤自身は太政官就任の野望を持っていた。それを直接表現すれば軋轢が起こることから、行政府の制度自体を変更して、自ら行政の最高指導者に就任しようとしたという解釈である。

第三は、行政権力の統合の必要性という説明であった。太政官三条実美は天皇に対する奏上文の中で、太政官制において太政官、左大臣、右大臣、参議の権限分担があいまいで混乱が起こっていることを指摘し、行政権力の一元化の必要性を説いている。また、福沢諭吉は、太政官制について「同年の兄弟相集まりて長老を欠くの姿」と評し、内閣制度の創設による政府の一元化を歓迎している。

辻はこの三つについてそれぞれある程度当っていると述べている。最も重要な理由は第三の行政権力の統合にあったことは明らかであるが、このタイミングで太政官制から内閣制度へ移行したのは、第一、第二の政治的な理由も働いたというのである。

内閣職権は、政府を動かす強力なリーダーの存在を根拠付ける制度であった。その第一条では、「(内閣総理大臣は) 各大臣ノ首班トシテ機務ヲ奏宣シ旨ヲ承ケテ大政ノ方向ヲ指示シ行政各部ヲ統督ス」と規定されており、総理大臣は各大臣の上位に存在する権力者であった。さらに、総理大臣は、「行政各部ノ成績ヲ考ヘ其説明ヲ求メ及ヒ之ヲ検明スルコト」(第二条)、「須要ト認ムルトキハ行政各部ノ処分又ハ命令ヲ停止セシメ親裁ヲ待ツコト」(第三条) ができることとされた。また、一般的な法律や勅令については総理大臣のみが副署し、個別官庁の業務に関する法律、勅令には総理大臣と主任の大臣が副署することとされた。他方各省大臣に対しては、主任の事務について状況を総理大臣に報告する義務が規定されていた。こうした原則は、大宰相主義と呼ばれていた。内閣制度の創設に当たっては、プロシアのビスマルクのような強力なリーダーを日本でも作り出すことが目指されていた。

内閣制度の限界と問題点

しかし、明治憲法の制定に付随して、内閣職権に代わる内閣官制が制定され、内閣制度の原理は大きく転換した。大宰相主義が否定され、閣僚平等主義が内閣制度の原理となった。内閣官制第一条では、「内閣ハ国務各大臣ヲ以テ組織ス」と規定され、大臣の対等性が明記された。そして、総理大臣については第二条で、「各大臣ノ首班トシテ機務ヲ奏宣シ旨ヲ承ケテ行政各部ノ統一ヲ保持ス」と規定した。内閣職権の第二条は削除された。また、法律、勅令の副署についても、個別官庁の事務に関するものは主任大臣のみの副署で足りるとされた（第五条）。憲法学の解説によれば、同じく「各大臣ノ首班」とされていても、内閣官制における総理大臣は制度上無力な形式的リーダーに過ぎないと説明されてきた。

大宰相主義からの後退は、直接的には、明治憲法第五五条で規定された大臣単独輔弼制に制度を適合させるためであった。各大臣がそれぞれ直接天皇を補佐するという立場に立つならば、大臣の間での優劣関係は存在しないはずである。天皇を補佐する大臣を総理大臣が指揮命令するという関係は、天皇が統治権を総攬する明治憲法体制下の内閣にはそぐわなくなる。

制度上の大宰相主義が後退したより深い理由は、内閣職権による首相の権力強化も、藩閥勢力の割拠という現実を乗り越えることができなかった点にあると辻清明は指摘している。制度上の強力な首相権力は、かえって藩閥を背景とする各大臣の対立を誘発する起爆剤となった。むしろ実態に制度を合わせるために、大臣の対等原則が憲法や内閣官制で規定されたのである。大宰相主義は短期間で挫折し、比喩的に言えば、日本の内閣は大臣による連邦制へと逆戻りした。内閣における割拠主義、統合力の欠如は、日本の内閣の宿痾となった。

また、内閣の弱体化を図った政治的な動機として、政党内閣への予防線を張るという意図があったことも重要である。責任内閣制を強化し、内閣が統治権力の真の中枢となるならば、将来政党内閣ができた時には国家権力全体が政党によってハイジャックされることになる。特に、憲法調査のためにヨーロッパに赴いた伊藤博文は、各国の政情を観察してこのような憂慮を持っていた。彼は、自ら著した憲法解説書『憲法義解』の中で、「大臣が連帯責任の一点に偏傾するが如きは、其の弊は或は党援連結の力、遂に天皇の大権を左右するに至らんとす、此我が憲法の取る所に非ざるなり」と述べている。即ち、明治憲法体制の出発において、内閣制度は民主主義と切り離されていたのである。

明治憲法体制には、内閣の統治能力を阻害する内的、外的要因が存在した。

内閣に内在した要因としては、すでに指摘した各省大臣の割拠主義と並んで、それをさらに助長する事情が存在した。日本においては、大臣はあくまで各省大臣であって、国務大臣ではなかった。内閣には、統治の主体として、国政上の課題について広い視野から考え、決定することが求められているはずである。国務大臣とは、そうした国政全般に責任を負う視野の広いリーダーのことである。太政官制のもとでの参議がそうした存在であった。しかし、内閣制度が整備され、特に単独輔弼制が確立すると、大臣はあくまで特定行政分野の主任の大臣として天皇を補佐し、内閣で行動することとなる。そうなると、大臣から国務大臣の側面が抜け落ち、行政大臣の側面だけが残る。このような仕組みのもとでは、大臣は自らが担当する省庁の利益を代弁する存在となる。

特に、特定の省の利益を削減するような政策を議論し、決定する時には、内閣は国政の最高指導機関として、広い視野から国益を考えて行動することが求められる。しかし、主任の大臣がひたすら省益を代弁し、しかもそれが単独輔弼制のもとで首相の統制を受けないということになれば、内閣の政策決定力は大きく低下する。戦前でも、閣内不一致のため内閣が倒れるという事例がしばしば起こった。

外的要因には、枢密院、貴族院、軍という権力機構の存在があった。これらはいずれも内閣の統制の及ばない存在であった。特に、軍には統帥権の独立という大義名分があり、内閣をむしろ牽制し、内閣の政策を妨害する存在となり得た。とりわけ、陸海軍大臣現役武官制度が実施されると、軍は大臣の推薦を拒否することによって、内閣に対して拒否権を持つに至った。宇垣一成のように、組閣の大命を受けながら、陸軍が陸軍大臣を推薦しなかったために、内閣を組織することができない例や、米内光政内閣のように、陸軍大臣が辞職した後に後継大臣を得ることができないために総辞職を余儀なくされた例がある。

このように、統治機構の中には内閣を掣肘する他の機関が存在していたが、それらはいずれも国民を代表しない非選出機関であった。憲法制定後、議会に登場してくる選出勢力との関係においては、これらを党派的、部分的な利益の追求者として見下し、内閣こそが公共の利益を独占的に担うという権威主義的姿勢を明らかにしていた。明治憲法発布の際、当時の首相、黒田清隆は地方長官を招いて、「施政上の意見は人々其所説を異にし、其合同する者相投して団結をなし所謂政党なるものの社会に存立するは亦情勢の免れさる所なり。然れとも政府は常に一定の方向を取り、超然として政党の外に立ち至高至正の道に居らさる可らず。各員宜く意を此に留め、不偏不党の心を以て人民に臨み、撫馭宜きを得、以て国家隆盛の治を助けんことを勉むへきなり」と演説した[2]。この演説から、内閣のそのような権威主義を示す言葉として、超然主義という言葉が生まれた。

超然主義は、天皇による統治権総攬という明治憲法体制の原理から派生するものであった。天皇は、党派的なものを超越して公共利益を体現する存在であり、内閣はその天皇を輔弼するものであるから、内閣も公共利益を体現する存在でなければならない。内閣が特定の党派的利益を追求していては、天皇の統治も偏ったものになるというのが超然主義の論理であった。

もちろん、現実政治の中では様々な利益の追求が権力の原動力となる以上、内閣が社会の諸利益から超然とし続けることなどありえない。黒田や次の首相山県有朋などは藩閥勢力の代表者であり、超然主義は議会に拠る民権勢力の台頭を抑止するイデオロギーに過ぎないことも明らかであった。また、議会からの様々な批判にもかかわらず、「玉座を以て胸壁となし、詔勅を以て弾丸となす」（尾崎行雄）という内閣の権力手法も、後に引き継がれることとなる。また、内閣を支えて実質的な行政活動を担う官僚は、「天皇の官吏」という自己意識を持ち、そこに超然主義の観念が浸潤することになる。

総動員体制と内閣

このように、遠心的な統治体制において、内閣自体も大臣の割拠性という問題を抱えており、統治における行政権力の集中と統合は、政治の難問であった。特に、一九三〇年代以降、日本が戦時動員体制に入っていくと、内閣の指導力、調整力の強化が重大な課題となる(3)。

一九三五年に内閣調査局、一九三七年に企画庁、企画院が設置された。これらの機関は、内閣における情報収集、人事、予算や資源の分配と調整などについて補佐するスタッフ機関たることを目指して設立されたのである。しかし、戦争遂行という大目的のもとであっても、陸海軍、外務省、大蔵省などの食い違いを乗り越えて機動的、合理的に国策を決定することには困難が伴い、内閣の補佐機能の強化だけでは不十分であった。

そこで、第二次近衛文麿内閣では、議会とは別に大政翼賛会という運動体を作り、そこに内閣の基盤を求めようとした。翼賛会の目的の一つには、統帥と国務の調整、政府部内の統合と能率の強化が掲げられていた。しかし、大政翼賛会は憲法五五条の大臣輔弼制と矛盾するという弱点があり、十分には機能しなかった。

さらに、太平洋戦争中の東条英機内閣においては、勅令によって首相のリーダーシップの強化が図られた。一九四三年、戦時行政職権特例によって、かつての内閣職権にあった総理大臣による各大臣への指示権が復活された。また、同年軍需省が設置されて、東条英機首相が軍需大臣を兼ね、国務大臣であった岸信介が同省次官に就任した。此れにより、内閣における大臣平等原則は実質的に否定され、首相の手中に強大な権力が集中することとなった。さらに、翌年には東条は参謀総長を兼任して、国務と統帥の統合を、身をもって体現した。しかし、戦局の悪化の前に東条内閣の威信も低下し、重臣の画策によって崩壊した。辻清明は、「終戦の決定を、天皇の直接意思に求めるという方式を採ったのは、明治憲法下の内閣が、こと統合に関しては、万策尽きた様相を示した[4]」と述べている。

人事をめぐる政治の浸透

以上に述べたように、戦前の内閣制度は、超然主義的な官僚支配の舞台として始まり、民主主義とは結びついていなかった。しかし、政党政治の進展や政党内閣の誕生と共に、内閣制度の運用も変化した。その意味では、超然主義が終始一貫したわけではなく、選出勢力の台頭と共に、内閣制度の運用の中に政治的要素が浸透したということもできる。特に、官僚の人事にその点が現れた。ここで、戦前における人事制度の変遷について概観しておきたい[5]。

内閣制度の発足と並行して、近代的な官吏制度が創設された。その中で官吏は、勅任官、奏任官、判任官に類別され、勅任官、奏任官が高等官とされた。そして、試験による資格任用制度が採用され、一八八七年には「文官試験試補及見習規則」が制定された。これにより奏任官、判任官は試験による資格任用となったが、大臣、次官、局長級の勅任官については自由任用とされた。資格任用制度によって、官吏の職を藩閥勢力の政治的な利権とする悪弊を排除することとなった。しかし、勅任官については政治的な利害や権力闘争による任用が続いた。

以後、藩閥勢力と政党勢力との間の権力抗争が激しくなり、政党内閣が登場するようになると、政治的任用（自由任用）を拡大する方向で官吏任用制度も変化していく。一八九八年に最初の政党内閣として誕生した第一次大隈重信内閣は、勅任官の任用資格に特段の規定がないことを理由として、

「各省官制通則」を改正して、各省に勅任の参事官という職を設けた。また、勅任官の範囲を拡大し、次官、局長、地方長官等に政党員を採用した。しかし、第一次大隈内閣は短命に終わり、政治任用された高級官僚が実質的に活動することはなかった。

その後に登場した第二次山県有朋内閣は、大隈内閣の制度改革に反発し、政党勢力が行政に入り込むことを防ぐために、再び政治任用を制限する制度改革を行った。一八九九年に文官任用令を改正し、親任官を除く勅任官について明確な任用資格を定め、政治任用の範囲を限定した。

大正に入り、政党内閣がより頻繁に登場するようになると、官吏任用制度はさらに変化を重ねる。一九一三年、政友会を与党とした第一次山本権兵衛内閣は、政友会の要求に沿って再び政治任用の拡大を図った。このときに制度改正は次のようなものであった。

勅任文官の任用資格の緩和。政治任用の職である勅任参事官に任用された者は在職一年で、秘書官として高等官三等に叙任された者は在職二年で、他の在職一〇年以上の官吏経験者と同等の資格で、知事や局長などの勅任文官になることができるようになった。

勅任文官の銓衡採用。文官高等試験合格者以外でも、勅任官在職二年以上または奏任官のうち高等官三等の職に三年以上在職した者は、試験委員会の銓衡により、勅任文官になることができるようになった。この制度は、技術官、教官など文官高等試験合格者以外の官吏が昇進できるように道を開くものであった。

奏任官、判任官の任用資格の拡大。

これらの制度改正は、高等、中等教育の普及によって、能力を有する中産層の子弟が増加し、行政の公職に就こうとする者が増加したことに対応していた。即ち、政治家を行政府の官職に就けるというよりも、採用時の試験区分にかかわりなく、行政経験者の転職、昇進を柔軟に行えるようにするところに制度改正のねらいがあった。

山本内閣が、シーメンス事件で失脚すると、反政友会勢力を基盤とする第二次大隈内閣が発足した。大隈内閣は政友会の党勢拡大を阻むために、再び政治任用を縮小する制度改正を行った。一九一四年に各省官制通則を改正し、参政官、副参政官を政治任用に加える一方、各省次官、警視総監、貴族院書記官長、衆議院書記官長、内務省警保局長、勅任参事官を政治任用の対象から外した。これにより、政治任用の範囲は山本内閣以前の状態に戻った。大隈ら、反政友会勢力は、「行政の中立性」という理念によって政友会勢力の行政への浸透を排除しようとしたのである。

さらに一九一八年に発足した原敬内閣は、再び政治任用の範囲を拡大し、山本内閣時代の制度に戻した。また、各省次官および各省一名の勅任参事官が政治任用とされた。そして、一九二四年に成立した加藤高明内閣においては、各省次官、勅任参事官が政治任用の対象から外され、新たに、各省に政務次官と参与官が置かれ、政治任用によって充足されることとなった。これらのポストは大臣を補佐し、政務に参画すると共に、帝国議会との折衝、調整を行うものとされた。

大正時代には、行政における政治任用の範囲をめぐって、政党勢力と藩閥との綱引きが演じられ、上に見たようにしばしば制度改正の往復が行われた。しかし、全体として官僚制が深く政治化したとまでいうことはできない。

昭和に入り、政友、民政の二大政党による政党内閣制が確立した時代には、官吏の任用はさらに大きな政治争点となった。文官分限令第一一条第一項に、「官庁事務ノ都合ニ依リ必要ナルトキ」は休職を命じうるという規定があった。これを利用し、政党内閣の大臣は政府与党から見て好ましからざる官吏に休職を命じるという人事が横行した。休職期間満了後はその官吏は当然退職するものとする慣行があったため、休職命令を利用して政治的な忠誠心を持たない官吏を行政から排除することが可能となった。警察や地方行政においてこのような人事が横行すれば、官僚が政治色を持ち、選挙干渉なども起こるようになった。ただし、好ましからざる官吏を追放した後の後任人事については、文官任用令によって高等文官試験有資格者に限定されていた。政党内閣は文官任用令自体を改正し、省庁の重要ポストを政治任用に変更することを試みたが、枢密院の反対で実現しなかった。その意味では、官僚の政治化にも限界はあったということになる。

五・一五事件以後、政党内閣が倒れると、官吏任用制度も政治的要素を排除する方向で、再び変化した。一九三四年、斎藤実内閣は、政治任用の範囲を縮小する制度改正を行い、警視総監、貴族院書記官長、衆議院書記官長、内務省警保局長が政治任用の範囲から外された。また、文官分限令の休職に関する規定が政治的に濫用されたことへの反省から、官吏の身分保障を図るために文官分限委員会を設け、休職処分について諮問を受けることとなった。その後日本は戦時動員体制に入ることとなる。それとともに、官吏の人事をめぐる政官関係の緊張も消滅した。

戦前期の人事をめぐる政官関係の展開を振り返ると、超然主義を掲げて発足した行政機構に対して、政党勢力がかなり浸透したことが分かる。国民を代表するという正統性は、戦前の憲法体制においても無視できない重みを持っていた。それ故に政党内閣が天皇の官吏である高級官僚を事実上更迭することもできたのである。しかし、そのような政党勢力の浸透は、政治と行政、政党と官僚制の役割分担や相互関係についての明確な理念や規範に基づいて進んだ現象ではなかった。行政機関の官職をも政治的権力闘争の戦利品と考える政治観が、このような現象をもたらした。その意味で、官僚機構への政党政治の浸透が民主主義の前進として国民の支持を勝ち取ったわけではなかった。むしろ、低次元の党派的対立は、政党政治に対する幻滅を生み出したとさえいえる。この点は、現在の政官関係を考える上でも重要な教訓となる。

2 戦後憲法体制における内閣

占領改革と内閣制度の改革

一九四五年の敗戦の後、アメリカを中心とする占領軍による民主化改革の中では、内閣制度も当然重要なテーマとなった。ここでは、憲法学の研究成果を紹介しながら、戦後内閣制度が構築された過程において、どのような論点があったかを振り返っておきたい。

戦後憲法に大きな影響を与えたのは占領軍であった。天皇制や基本的人権をめぐる規定については様々な論争があった。しかし、統治機構については民主化を徹底するという方針は明らかであったに

しても、大統領制を導入するという議論は存在しなかったようである。(6)

まず占領軍の幕僚として憲法改正の中心的役割を担ったラウエルによる憲法改正案の検討作業を見てみよう。彼は、具体的な草案の起草に先立って、主要な論点に関する勧告を残している。統治機構に関しては、国民に責任を負う政府という見出しのもとで、次のような主張を展開している。

現在の日本には、憲法制度の外側に多くの政策決定機関が存在しており、それらは大きな影響力を持ちながら、人民の意志にはまったく反応していない。この点は、枢密院や元老を指していると思われる。そして、改革の方向として、国民によって選ばれた国会議員のみが天皇に対して政治的事項に関して直接接触できるようにすべきと主張している。

また、実際の憲法案起草において大きな影響を与えた「日本の統治機構の改革について」(SWNCC228)という文書では、一般論としてアメリカ型の大統領制と、イギリス型の議院内閣制が対比された上で、日本の統治機構の問題点と今後の方向について次のように論じられていた。以下はこの文書の一部である。

国民に対する政府の責任を確保しうる制度の欠如

(a) 日本の現行憲法は、一方においては、国民の側の代議制への要求をなだめるという目的、他方においては、明治の指導者である憲法制定者達が、近代の世界の中で日本が存続し発展するために必要であると信じた、中央集権的、独裁的統治機構を、強化し永続させんとする目的、という二重の目的をもって書かれたのである。この後者の目的に合致するため、国家権力は、天皇の周囲にいる数少ない個人的助言者達の手に握られ、選挙によって選ばれた、国会における国民の代表者には、立法に対し限られた範囲で監督的権限が与えられただけであった。内閣が瓦壊すると、新しい総理大臣は、下院の多数党の領袖から自動的に任命されるのではなく、上述のような助言者——元来は元老がその任にあたっていたが、最近では元の総理大臣の協議会——の推薦に基づき、天皇によって任命されるのである。そして、この総理大臣が、自分の内閣（の閣僚）を選ぶのである。その結果、新しい政府の性格およびその構成は、下院の多数者の意見によってではなく、天皇の周囲にある勢力の均衡によって、決せられた。

（b）内閣が下院に対し責任を負わないということは、また、予算に関する議会の権限が限られていたことの結果でもある。憲法は、予算が議会によって否決されたときには、前年度の予算が自動的に効力を発生すると規定している（第七一条）。その結果、総理大臣は、たとえ下院で信任投票をかちうることができなくとも、少なくとも現年度と同一の予算が確保されるということを、念頭においていたのである。

（c）国家の国内事項に関する一般法の制定は、議会の権限内のこととされてはいるが、実際上、大部分の法案は閣僚によって提出される。しかも国会は閣僚の選考に関与していない。戦争を宣言し、講和をなし、条約を締結する権限は、天皇の大権であり、これに関しては、議会は、極めて間接的に影響を与えうるにとどまる。というのは、議会は、内閣および内大臣、宮内大臣、その他天皇の側近にある者と共にこれらの事項について天皇に助言を与える枢密院を、コントロールすることができないからである。議会は、宮務に関しては権限を有せず、憲法改正を発議することができず、自ら会議を召集することができず、かつ、総理大臣の助言に基づき、天皇により、一五日間までの期間の停会を一会期中何回でも命ぜられることがありうる。

(d) 議会はその見解を政府にはっきりと知らせる間接的な手段を有しており、それは、実際には、予算その他の面で議会の手に与えられている直接的なコントロールよりはるかに有効であったが、このような間接的な手段ですら、その価値は限られていた。議会は、天皇に上奏し、または政府に対して建議する権能をもっているが、それは、実際にはあまり意味をもたない。何故ならば、天皇も政府も、国会の建議に対し答えることを義務づけられていないからである。議会は、国政のいかなる事項に関しても調査委員会を設置しうる権能をもっているが、それは、証人の出頭を強制しえないということによって、制約されている。議場での質疑と質問とによって、内閣を困惑せしめることは可能であり、これらは議会の有する最も効果的な武器となっていたが、大臣は、要点を外した答弁をしたり、「軍事上の秘密」もしくは「外交上の秘密」を理由に、または、「公益に反する」として、全く答弁を拒否したりすることができる。両院共に、慣行によって、その権限内の事項につき決議を行う権能を認められており、一九三一年までは、下院の不信任決議によって、しばしば、内閣または大臣が辞職に追いこまれたが、かかる決議は、また、しばしば下院の解散と総選挙とをもたらし、しかもその総選挙によって政府に反対する下院の方が支持されても、政府がそれによって総辞職するということはなかった。にもかかわらず、過去一五年間においては、議場での質問または上奏決議もしくは建議決議による政府批判は、実際上、議員が政策に影響を及ぼすことを希望できる唯一の方法であったのである。

このように、占領軍は戦前の日本の内閣制度の弱体性、権力の多元化がもたらす弊害についてかなり正確に認識していた。そして、戦後の民主化を徹底しようとするとき、まったく新たに大統領制を導入するのではなく、戦前一応存在した議会政治を民主化し、行政府を国会に対して完全に責任を負う権力機関とするという現実的なアプローチを取ったと見ることができる。議会を権力機構の中枢に据えるという意味では、議院内閣制を徹底するほうが民主化の早道であった。

法制官僚による制度設計と内閣制度の継続性

制度設計の際の最大の争点は、内閣の合議体という性格を保持するのか、総理大臣を頂点とするヒエラルヒーとして内閣を構築するのかという問題であった。日本を民主化する上で、行政権をどのように構成するかは難問であった。すでに詳しく紹介したように、戦前の統治機構における遠心性、割拠性のために、内閣が統治能力を十分持つことができなかったことが、日本の全体主義化の一因であった。その意味では、貴族院、枢密院、軍部などの権力機関を廃止し、統治権力を内閣に一元化することは必要であった。いわば民主的な統治能力を持った強い内閣が要請されていた。他方、内閣があまりに大きな力を持つと、これが暴走する危険も高まる。有効な統治と民主的な統制のバランスをどう取るかが重要な課題となる。

内閣の自律性と国会による統制をめぐる制度設計については、占領軍と日本の法制官僚の間で食い違いと駆け引きが存在した。一九四六年二月一三日に日本政府に交付されたマッカーサー憲法草案のメモによれば、行政権が内閣に帰属するという規定は、戦前からの「内閣強化」論の延長ではなく、先に述べた枢密院等の非立憲的機関を排除し、行政権を内閣に集中させることによって民主化を図ることを意図していた。GHQの文書では、憲法案の行政権に関する規定について、「内閣は、イギリスの内閣ほどには強力なものとはされていない。……日本で危険なことは、行政権が弱すぎるということではない。反対に、伝統的に弱体だったのは、立法府なのである。従って内閣には優位が認められなかったのである」と説明されていた。[7]

これに対して日本政府は、国会の内閣に対する関与を排除し、同時に戦前の経験に鑑みて強い首相を志向する政府案を作成し、三月二日に公表した。この政府案では、内閣総理大臣は「内閣の首長」と規定され（第六八条）、国務大臣を任意に罷免し（第七〇条）、行政各部の監督監視を行い（第七三条）、かつての緊急勅令に代わる閣令を制定できる（第七六条）とされていた。また、内閣の組織運営に関しては、憲法条文の中にこれを法律で定めるという委任規定を挿入することで、内閣の裁量を確保しようとした。[8] また、内閣を構成する大臣について、国務大臣がそれぞれ各省の大臣となるという国務大臣・行政長官同一人制を志向することが明らかにされた。

その後占領軍担当者と日本政府の間で、憲法およびその付属法典である内閣法の内容をめぐって、内閣の位置づけや権力規定について協議が続いた。そこでの重要な論点は、内閣の政令制定権の位置づけと、内閣における各省大臣と総理大臣の関係をめぐる法理であった。占領改革の研究者、岡田彰は、日本の法制官僚は、「行政権の帰属を定めた新憲法と従前の官制に基づいた内閣制度との接合を図り、改めてこれに正当性を付与することによって、実質的には従前のごとき内閣制度の継承をすめよう[9]」という意図を持っていたと述べている。

前者については、国会と内閣の関係をめぐる議論があった。占領軍は国会を強化するという観点から、内閣による政令の制定に対して国会の関与を求めていた。これに対して日本の官僚は、新憲法は三権分立の建前を明確に取っており、それに基づいて、裁判所が規則制定権を持つのと同じく、行政府も内部規則を自由に定めることができると主張した。行政府の自由裁量に任されるべき事務を法律で拘束されることを、日本の官僚は忌避したのである。戦後憲法体制の構築の過程から、権力分立が行政府・官僚制の自由、国会からの統制の免脱の理屈として使われていたことは、注目に値する。

後者の問題は、新憲法の下で行政権が帰属することになった内閣と、天皇の行政大権のもとで最高行政官庁であった各省大臣との関係をいかに論理的に整合させるかという点であった[10]。明治憲法体制のもとでは、各省大臣は単独輔弼制によって天皇に直属し、それぞれの分野では最高の行政権力を保持していた。総理大臣といえども、制度的に指揮命令を下すことはできなかった。これが最高行政官庁の意味である。しかし、民主主義と国民主権を前提とした内閣制度の中に、最高行政官庁の概念をそのまま当てはめることはできない。法制官僚は、内閣を「合議制の大統領」と位置づけた。つまり、合議体としての内閣が明治憲法体制において天皇が占めていた地位の大部分を踏襲し、行政権を掌握するという論理を採った。そして、内閣の活動を、政策を決定する閣議と行政事務を分担管理する大臣の執行に分離するという理論枠組みを構築した。内閣は各省の上級庁として統括権を有するが、内閣と内閣総理大臣は峻別される。行政権を持つのはあくまで合議体としての内閣であって、具体的人格としての総理大臣ではない。そして、それぞれの領域における具体的な行政活動では、具体的人格としてのそれぞれの大臣が最高責任者となる。こうして、戦後の内閣においても分担管理原則が生き残り、各省割拠体制が継続することとなった。そして、日本政府の用意した内閣法の草案では、総理大臣の地位について、「内閣の首長」という文言が削除されていた。[11] いわば、総理大臣の地位は当初の構想よりも弱められたのである。

占領軍の憲法制定担当者の中には、行政権を内閣総理大臣に属すると規定して、強力なリーダーを出現させるという構想を持った者もいた。法制官僚による憲法、内閣法の設計が、戦前の官僚支配を温存するという警戒感から、日本政府の原案に対する批判的疑問が提起された。その後、二つの考えを折衷する形で、現行憲法、内閣法ができあがった。即ち、行政権は合議体としての内閣に属する一方で、総理大臣は内閣の首長と規定された。しかし、首長の意味は曖昧であった。また、内閣が国会に法律案を提出する権限を持つことが内閣法によって明記された。同時に、国会による政令の審査権も排除された。こうして、戦後憲法体制の内閣は当初の構想に比べれば、国会の統制から自由な存在となり、官僚支配が温存される結果となった。

大石真は、戦後憲法体制における内閣制度について、閣僚平等主義を克服し、新型の大宰相主義に近づけようとしたものと特徴付けている[12]。しかし、大宰相主義が実現されたわけではない。結局、行政における分担管理原則は維持され、実際の行政権力を持つのは各省の大臣であった。総理大臣は大臣を自由に任免できるという点で大きな権力を持っているが、罷免の権限を行使するのは例外的な状況である。また、各省大臣が行政権を持っている以上、総理大臣による各省大臣に対する指揮監督権は個別的な事柄に関する具体的な命令権ではなく、一般的な指示にとどまる。

分担管理原則を維持するということは、大臣は各省の長であって、国政全般を集団的に指導する国務大臣という性格は弱まる。その点で、戦後の憲法体制においても、内閣は行政府を指導する政治的な拠点とはならなかった。この意味では、明治憲法体制からの連続性を見出すことができる。

3　五五年体制における内閣

自民党政権の誕生と内閣——大きな正統性と小さな権力

一九五五年に保守合同が成り、自由民主党が結成され、以後一九九三年まで短い連立の期間を除いて、単独政権を維持した。この間に日本の内閣制度は独特な展開を見せた。本来、先に見たように、憲法上、内閣は強い正統性と権力を与えられた。保守合同によって安定した与党基盤ができれば、内閣は国家権力の中枢機関として大きな力を発揮できるはずであった。しかし、発足からしばらくの間、自民党政権の内閣は、権力中枢としての機能を発揮しなかった。その理由としては次のようなことが考えられる。

自民党発足直後の鳩山一郎、石橋湛山両政権は、首相の病気などで不安定あるいは短命に終わった。一九五七年に岸信介が首相に就任した。岸はその政治経歴からしても、強力な指導者としての条件を備えており、その内閣は権力中枢となるはずであった。しかし、誕生間もない自民党では保守合同以前の党派争いを引き継ぐ形で、派閥抗争が激しく続けられていた。いわゆる党人派と官僚派の対立も時として激しいものとなった。当時は主流派と反主流派の対立が明確であり、反主流派の領袖は入閣しないことも珍しくなかった。また、閣僚になっても首相を牽制することで存在感を発揮した。与党の有力政治家が入閣しない場合、国会からもマスメディアからも内閣は軽量とみなされ、指導力の主体とはならなかった。また、反主流派の有力政治家が主要閣僚となって首相を牽制すれば、内閣は閣内不一致に悩むことになり、その統合機能は十分ではなかった。一九五八年一二月、池田勇人国務相、三木武夫経企庁長官、灘尾弘吉文相の三閣僚が、岸の高圧的な政権運営を不満として閣僚を辞するという事件があった。一九五〇年代後半の日本政治においては、内閣は与党の複雑な対立を映す鏡のようなものだった。

岸内閣の運営を困難にしたもう一つの理由は、岸首相が憲法政治を追求した点にあった。岸は改憲論者であり、憲法改正を目指した。その際の最大の争点はもちろん九条であったが、憲法改正が政治の大争点である状況において、国制（constitution）の安定的な運用や慣習の形成ができるはずはない。与党の有力政治家が岸に反発したのは、憲法政治を前面に押し出す岸の政権運営に反対したためであった。さらに、憲法政治は、野党の側から原理主義的な反対を招いた。それは議会内にとどまらず、広汎、強力な院外運動を刺激した。野党と院外の大衆運動が結合することによって、世論も大きく影響された。岸内閣の与党は、衆参両院で圧倒的な多数を占めているにもかかわらず、たとえば野党と世論の反発の前に、自らが推進しようとした警察官職務執行法改正案を廃案にするという挫折を強いられた。また、いわゆる六〇年安保の際には、安保条約改定は国会で承認されたものの、岸自身は国民の厳しい批判の前に退陣に追い込まれた。岸政権の挫折は、議院内閣制における内閣の抑制やチェックが具体的に働くための条件を教示している。通常、議会が内閣をチェックする場合、それは野党によって行われるため内閣の行動を現実的に抑止することはできない。岸時代のように与党の内部で内閣に対する批判がおこって、初めて議会による抑制が有効となる。

またこの経験は、内閣に対する民主的な統制について、日本独自の理念を生み出すことにもなった。すでに述べたように、議院内閣制において与党が国会の多数を占めている場合、政府・与党は、イギリスの表現を借りれば、「男を女にし、女を男にすること」以外、たいていのことができるのであり、これを合法的に食い止めることは不可能である。内閣制度の統治において、野党の反対を世論が支持し、政府自体が譲歩するということはきわめて例外的な出来事なのであるが、戦後民主主義における安定した議院内閣制の発足直後の時代においてそうした希有な経験をしたことは、以後の日本の野党と世論あるいはメディアに対して、内閣と民主的統制の関係について、理想主義的な観念を植え付ける結果になった。つまり、正しい批判を行えば、内閣も自らの政策を断念することがあり得るし、また断念すべきという理想である。特に、自民党政権に批判的なメディアや論壇においてこうした理想は共有された。その後、政治をめぐる批評が現実とすれ違うという欲求不満を招いた。

また、内閣における権力の集中はそれ自体が悪ではない。重大な政策を実現するために内閣が凝集性を高めることが必要な場面もある。しかし、岸内閣の記憶とともに、日本の政治においては内閣における権力の集中を危険視する見方が定着したということもできる。

高度成長の開始と内閣

六〇年安保の騒擾の中で岸内閣は退陣に追い込まれ、池田勇人内閣が誕生した。この政権は所得倍増政策とともに戦後政治史に大きな足跡を残している。政策面で、安保や憲法を中心としたいわゆるハイポリティクスから経済中心のローポリティクスに転換したことは戦後日本政治史の常識となっている。それと同時に、内閣の運用においても池田政権は画期的な転換を成し遂げた。伊藤大一は第二次池田政権について、中堅・実行型内閣と大物・実力者内閣とが交互に入れ替わるという性格を持っていたが、趨勢としては実力者（佐藤栄作、河野一郎、三木武夫、藤山愛一郎、川島正次郎など）がより深く取り込まれていくことにより、内閣という制度自体の権力的な地位が高められていく方向にあったと指摘している。[13] 反主流にあった有力政治家を含めて与党の有力者をすべて入閣させるオールスターの内閣を作ったことは、戦後政党政治史上、初めての出来事であった。[14]

さらに伊藤は池田内閣においてこそ日本の内閣が権力中枢としての役割を発揮し始めたことを高く評価している。

それ（池田内閣）は、いまや〈locus of power〉としての実質を備えはじめていたのである。この事実は、内閣史の上で注目に値する。なぜなら、日本においては、もともと院政の伝統があるうえに、制度の発足以来、戦前の期間を通じて、内閣は統治機構の一部——事実上の統治機構——にすぎず、権力の〈agent〉の一つではあっても、その〈locus〉とはなし難い状態におかれていたからである。新憲法の制定により、内閣は初めて正統的な制度として認知され、「行政権」を一元的に掌握しうることとなる。だが、この制度改革も当初は、建前の域をそれほど超えるものではなかった。（中略）この制度改革にそれにふさわしい実質が盛り込まれるようになるのは、大物・実力者内閣の実現を通してである。その意味で、第二次池田内閣は、その存在それ自体において、憲法制度としての内閣を定着させる働きをもっていたということになろう。[15]

こうした変化が可能になった原因として、池田内閣において憲法政治が取り下げられ、資源配分をめぐる通常の政治が政権の最重要課題として採用されたことが、大きな意義を持っていると考えられる。池田は自民党の指導者としては初めて戦後憲法を受容し、その正統性を承認した。岸との対比でいえば、憲法政治から通常の政治への移行が一九六〇年を境に起こったということができる。そのことによって、戦後日本政治においてもようやく国制の運用に関する慣習を形成するという機運が生じたのである。特に、政権の維持、運営に関して、内閣を取り巻く主体や手続きに関して、慣習的な仕組みが形成されることとなった。いわば、政官関係は独自の進化を始めたのである。

この時期の通常の政治の前提には、いくつかの特殊な、与党政治家や官僚にとっては幸運な条件が存在した。第一は、高度成長という経済環境であった。通常の政治とは、政治経済の基本制度を共有した上で資源配分をめぐる争いを政治の中心にするという意味であるが、六〇年代以降の自民党政治にとって資源配分自体が余裕のある作業であった。急速な経済成長が続き、それに伴い税の自然増収も毎年生じた。資源配分の争いは、全体としてはポジティブ・サム・ゲームであり、政策形成に参加した当事者はそれぞれある程度の満足を得ることが可能であった。

第二は、通常の政治が片面的なものだったという点である。五五年体制は自民党と社会党という二大政党によって構成されたが、社会党は六〇年代に入っても憲法政治に耽溺していた。即ち、憲法改正を阻止するために必要な国会の三分の一の議席を獲得することで満足し、通常の政治に参入するという意欲をもたなかった。池田が保守政治のモデルチェンジを図った時に、社会党では江田三郎が構造改革論を唱えて社会党を通常の政治の土俵に載せようとしたが、党内では原理主義的な左派の抵抗が強く、この試みは一九六二年に挫折した。以後、日本の政党政治においては政権交代の可能性が封印された。(16) 政権与党が一つしか存在しない、それがいつまでも継続するという政治環境は、当然のことながら内閣の運用や政官関係に大きな影響を与えることとなった。

以上にあげた二つの環境条件は、戦後日本政治における内閣の運用に大きな影響を与えた。まず、政策形成がポジティブ・サム・ゲームであったということは、政策の優先順位について厳格に考える必要がないということを意味した。したがって、この時期の政策形成においては日本官僚制の伝統である割拠主義がいっそう明確に現れることとなった。政策の全領域を見渡して国益を考えるなどという作業は、この時代には必要とされなかった。むしろ、各省庁の官僚が追求する省益を総和すれば、国益が実現できるという予定調和の発想こそ、この時期の政策形成の特徴であった。

また、政権交代の可能性がないということは、官僚制が現政権とは別の価値観を注入される可能性がないということでもある。この時代、政策体系を方向付ける価値観については、与党と官僚制の間で共有化が進んだ。財政的な余裕を前提として、与党と官僚制はそれぞれの政策分野で政策の拡充、予算の増加、組織や権限の拡張という方向で、基本的に利害を共有した。言い換えれば、与党と官僚制は、政策の量的拡大に向けて役割分担と協力をするが、官僚制の変革、政策の転換について対立、紛糾する可能性はないということでもあった。官僚の抵抗を乗り越えるという意味での政治的リーダーシップを発揮することはそもそも必要性さえ存在しないというのが、この時期の政策形成の特徴だったのである。また、与党が長期間固定化されることによって、公的制度としての内閣、行政と、私的結社としての政党との境界線が曖昧になるという結果が生じた。この点は、政官関係の独自の進化に色濃く影響をもたらすこととなる。

先ほど紹介した伊藤大一の評価は、明治憲法体制以来の巨視的な歴史の視座から、日本の内閣が政治的な主体として力を持つに至ったことを捉えたものである。ただ、内閣に政治的な力を結集する必要があったのは、自民党の形成史における一つの段階で起きた現象ということもできる。自民党という政党が安定し、国制の運用が次第に定着してくると、内閣は実質的な権力の中心、バジョットが言う所の機能的部分ではなく、正統性の拠点、同じくバジョットが言う尊厳的部分として機能するようになる。

国制の運用の基本的なねらいは、官僚主導の政策形成、政策の継続と自民党による利益配分政治の展開の二つに要約できる。具体的には、政治的要素を排除した内閣の運用、政策形成に関する与党と官僚制の間のインフォーマルな調整、分担管理原則と予定調和を前提とした分散的な政策形成という特徴を見出すことができる。

まず、戦後日本の内閣では、政治的要素が希薄であった。何よりも、行政府における政治任用のポストが限定されていた。各省には大臣一名と一、二名の政務次官（内閣官房では官房副長官）が置かれていた。したがって、行政府の役職につく政治家は三〇名あまりであった。官僚組織を統率する政治家集団としては、日本の内閣はあまりに少数であった。

数のみならず、質の面でも弱体であった。五五年体制の定着とともに、一年に一回程度内閣改造が行われるという慣習が恒常化した。また、自民党政権が継続するにつれて、国会議員の当選回数に応じて閣僚ポストを平等に配分するという慣習も定着していった。[17] 衆議院議員の場合当選五、六回で、参議院議員の場合当選二、三回で最初の入閣の機会が与えられることが自民党のルールとなった。

ここで、二院制と議院内閣制の関係について付言しておきたい。二院制と議院内閣制は本来微妙な関係が存在するはずである。ウェストミンスター・モデルは事実上一院制を前提としたものであり、一院制であるがゆえに内閣における権力の集中が容易に進む。しかし、二院制の国において、上院（参議院）は下院（衆議院）と異なった権能を持ち、内閣との緊張関係を作り出すこともある。日本でも、戦後憲法体制発足の直後は、参議院は衆議院と異なった構成を持ち、政党に属さない議員も多数存在した。そして、政策論議に独自の存在感を発揮していた。しかし、五五年体制の定着とともに参議院にも政党化の波が押し寄せた。さらに一九五六年の自民党総裁選挙の際、石橋湛山の参謀であった石田博英が参議院から大臣を三人出すことを約束し、総裁選挙に勝利して以来、参議院からの入閣が慣例となった[18]。以後、参議院自民党は衆議院との役割の違いを放棄し、政権を支える数として意味を持つようになる。戦後日本においては、二院制と議院内閣制の組み合わせという国制を持ちながら、議会による内閣に対する抑制、監視について実効的な作用を確立することはなかった。

首相は、与党をまとめていくために、政策上の必要がなくても、「人心一新」のために一年に一回内閣改造を行うという習慣が形成された。先に述べた当選回数を重ねた政治家は、各派閥から閣僚候補者として推薦された。閣僚ポストは与党の政治家の名誉欲、権力欲を満たすために使われたのである。より多くの政治家に公平に機会を与えるためには、当選回数という客観的な基準によって適格者を絞り、頻繁に内閣改造を行うことで大臣の回転を早くすることが必要となった。こうした慣習は、自民党内で不満を残さず閣僚人事を行い、名誉や権力を公平に配分するための生活の知恵であった。

官僚内閣制における政党と官僚制

日本型の内閣における政官関係は独自の展開を遂げた。この特徴をよりよく理解するために、前章で示した上昇型、下降型という二つのモデルを当てはめながら、イギリスの内閣との対比で、日本のモデルを定式化してみたい。

イギリスの下降型モデルを簡単に説明すると以下のようになる。イギリスでは、議会主権という発想で統治機構を設計している。国家権力の源は国民の意思であり、それは選挙によって議会に表明される。その議会で多数を取った勢力が行政府を指導する執行委員会を作り、その委員会が内閣である。国民の代理人としての与党は行政府の中に入り、政策決定、行政の運営を指揮、統率することが期待される。こうして、イギリスでは閣議を構成する大臣（日本で言う大臣と同じ）以外に、各省に閣外大臣（閣議に出席できない）、副大臣、政務秘書官などの政治的任用の役職が設けられている。また、与党の議員団長（日本で言えば与党幹事長に相当する）も、閣僚のポストであり、閣議に出席する。政治任用の役職数は二〇世紀、時代が下るとともに増加して、現在では一三〇程度である。イギリスの場合、日本の国家行政組織法や公務員法に当たる法律が存在せず、行政府のどのポストを政治的任用とするかはその時の政権の判断にかなり任されている。通常、与党の議員は三五〇から四〇〇名であるから、与党の下院議員のおよそ三分の一は行政府の役職についていることになる。

このようにイギリスの議院内閣制においては、行政府の中に政治的要素がかなり浸透しているということができる。そして、政治指導者が公式の役職につくことによって指導力を発揮している点が重要である。イギリスにおいて、政官関係における統制、協働は上下の関係の中で実現される。また、大臣のリーダーシップを補佐するための政治家のチームが各省に貼り付けられている。省庁内、省庁間の政策をめぐる調整は与党指導者の責任において行われるのである。官僚は政治的ネットワークの中で議論、調整されている案件には一切関与しない。官僚制と与野党を含む政党との間には、隔壁が存在しているので、官僚が行政府の役職についていない国会議員と直接接触することはない。

内閣が名実ともに権力中枢として存在するという仕組みを支えているのは、ある意味で集権的な政党の仕組みである。イギリスの政党には、与野党ともにフロントベンチ（指導部）とバックベンチ（陣笠）の明確な区別が存在する。フロントベンチは内閣に入り、議会と行政府を股にかけて国政を動かす。幹部とその他大勢の区別があっても党がまとまるのは、党が集権的な構造を持っているからである。個々の政治家は、党の公認や資金面、組織面の支援があって初めて選挙に勝つことができる。したがって、党の威令が個々の議員に及びやすい。また、政策面でも、内閣が掲げ与党が推進する政策は、選挙の際にマニフェストに載せて国民から支持されているものであり、強い正統性を持っている。これに逆らうことには大義名分がない。（逆に言えば、マニフェストに載っていない課題について政府与党が打ち出す政策が不人気な場合、バックベンチャーは造反を起こすこともしばしばである。）

まとめて言えば、イギリスのモデルでは内閣は政治的意思の集結する機関であり、トップダウン型

図Ⅱ-1　政官関係の日英比較

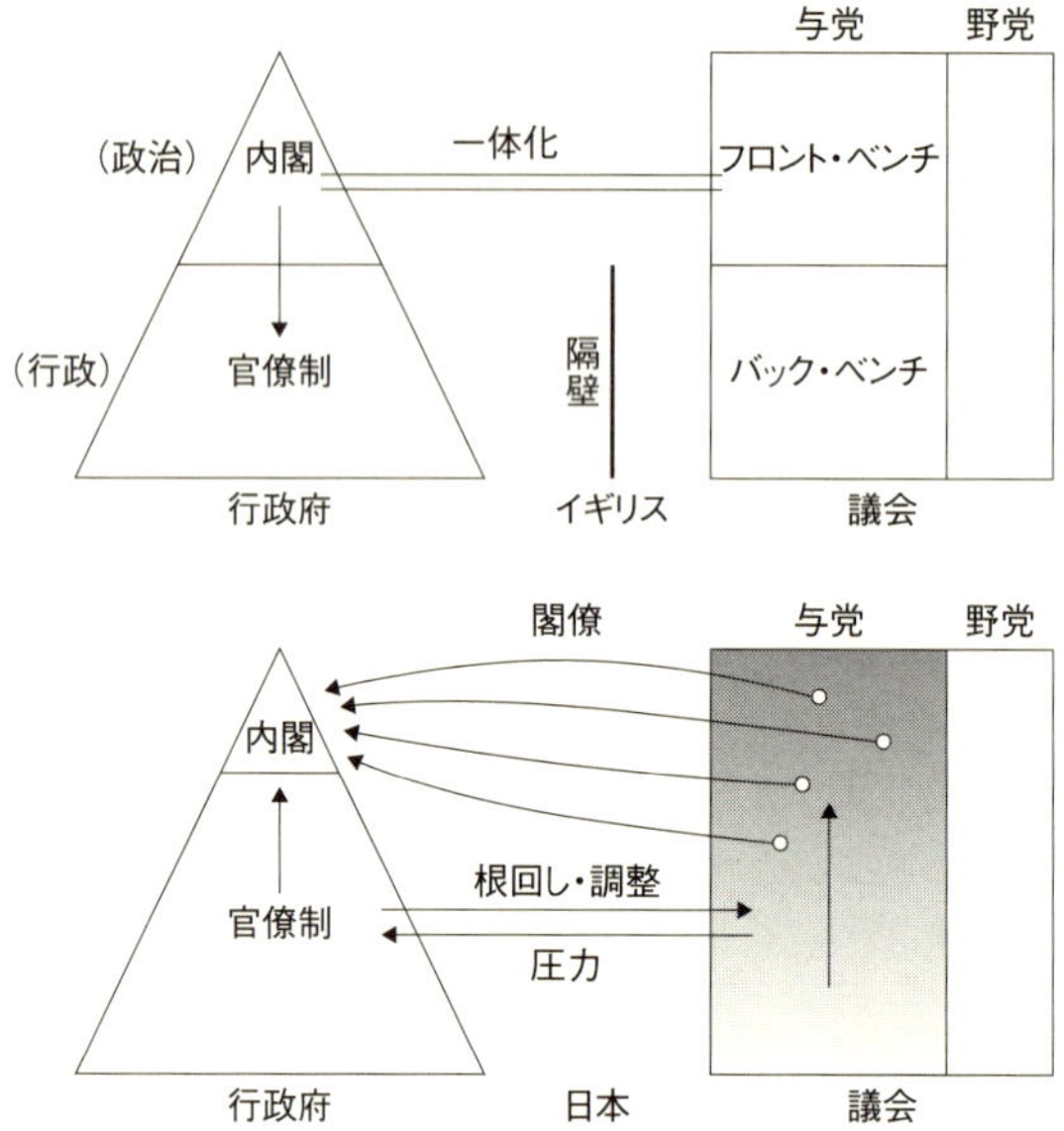

の意思決定が行われる。また、内閣と与党は重なり合っている。そして、政官関係は内閣と官僚組織という公式の制度の上下関係の中に存在する。

これに対して、日本の上昇型モデルにおいては内閣と党の二元的並立、ボトムアップ型の政策形成が特徴である。まず、内閣において政治的要素が浸透していないことの帰結として、日本の政権においては内閣と与党が分離するという形態が定着した。日本の政治では、政務と党務という言葉が存在し、前者は政府における管理、調整、後者は与党における管理、調整を意味した。政務を担うのは、官房長官やその他の主要閣僚であり、党務を担うのは幹事長、政調会長などの与党の役員である。政策形成における調整、論議は内閣の中と与党の中という二つの空間で行われる。このような日英の仕組みをモデル化して対比すれば、［図Ⅱ-1］のようになる。

政策形成は基本的に行政府の官僚制によって担われる。法案の起草、事業の企画などは、担当の課レベルで進められる。そして、局内、省内でいわゆるボトムアップ型の調整が行われていく。さらに、省庁間の調整が行われて、閣議決定に至る。[19] 閣議にかかる案件は事務方によって一〇〇パーセント調整されたものであり、事前に事務次官会議で了解を得ているものである。その意味で、閣議は政府案を最終的に決裁する事務的な儀礼の場である。そもそも戦後日本の内閣において大臣は、各省の最高責任者という性格が強く、国政全般を集団的に指導する国務大臣というアイデンティティは希薄であった。その上に、当選回数に応じて大臣ポストを名誉や利権として配分するという慣習が重なっていた。大臣は自分の担当分野について独自の見識や政策を持っていたわけではない。就任早々の記者会見における挨拶から始まって、大臣の行動はすべて官僚の側がお膳立てしてきた。[20]

したがって、大臣はそれぞれの省の最終的な利益代弁者であった。歳出削減や組織縮小など官僚にとって忌避すべき政策が課題に上ると、大臣はそれぞれの省がその種の政策の例外となるべきであるという弁明、反論を行うのが通例であった。何が取り組むべき政策課題かを提示するという政治指導者が本来持つべき役割を、日本の内閣では官僚が保持してきた。とりわけ、官僚の既得権を奪うような政策課題に取り組まないよう、大臣の意思を操作することに、官僚は力を発揮してきた。このような特徴から、日本の内閣は、各省の官僚制からボトムアップで上昇してくる政策意思が噴出する吹き出口のようなものであった。この点は、政治的意思の貯水池であるイギリスの内閣と対照的である。こうした内閣のあり方を、松下圭一は「官僚内閣制」と呼んでいる[21]。

もちろん、国会が法律や予算を決定する権力を持っている以上、国会で多数を持つ政党と行政府の間で何らかの調整が必要であることは言うまでもない。政府が提出する政策に国会の多数派が賛成しなければ、法律、予算としては実現しない。したがって、政権を安定的に維持するためには、何らかの定型化された調整の仕組みが必要となる。イギリスのモデルでは、公式制度のタテの関係において調整が行われたのに対して、日本では非公式なヨコの関係において調整が行われてきた。

このような仕組みを形成する最初の契機となったのは、池田政権時代の一九六二年二月二三日に赤城宗徳自民党総務会長が政府（大平正芳内閣官房長官）に対して「法案提出の場合は閣議決定に先だって総務会に連絡を願いたい」という文書を出したことであった。当時は、まだ内閣と与党の安定的な関係が確立しておらず、政府提出の法案に対して国会で与党から反発が出るという事例もあった。そこで、法案の円滑な成立を図るためには、国会提出後、与党が結束して賛成することが不可欠である。そこで、日常的な事項に関する自民党の最高意思決定機関である総務会が了解を与えるという手続きが、導入された。総務会の意思決定は、慣習として全会一致で行われてきた。総務会が了承すれば、党議拘束が働き、与党の議員は政府が提出した法案に賛成しなければならない。当時の自民党の意図としては、総務会の事前の了解という関門を設けることによって、政府提出法案に最大限自民党の政治家の影響を反映させることをねらったものと理解できる。

また、政府側にとっても与党との協力関係を恒常的な制度にすることには利点があった。一九六〇年代は、高度経済成長が始まった時代であり、社会、経済の発展、都市化の進展など、大きな環境変動に伴って、政府の任務も急速に拡大した。それにより、様々な分野における新規の立法や事業の展開が必要となった。立法の能率を上げるためには、いったん政府提出法案が国会に出されたら、与党が速やかに、修正なくこれを成立させるという安定的な体制が必要となった。その意味で、政府にとっても与党の事前審査による党議拘束の確保は有益な仕組みであった。このようにして、政府と与党の機関との間の非公式の協力として、政府と与党の調整が始まった。

自民党の総務会は、党における最終決定機関であり、全会一致の決定という慣行は、そこにおいて実質的な議論は行われないということを意味している。ある程度で議論を打ち切って、党としての意思確認をするという儀式が総務会の決定である。しかし、実質的な議論を行い、与党の注文や要求を法案や事業に反映させる場も必要である。それが政務調査会（政調）の部会であった。

政務調査会は、自民党における政策審議の機関である。政調は、中央省庁の専門分化に対応して、部会に分かれていた。政府提出法案の実質的な事前審査は、部会において行われる。特に重要な案件については、特定の調査会が設けられることもある。調査会には、税制調査会や道路調査会のような常設の機関と、特定の課題に対応する臨時のものがある。政調部会で合意が形成されれば、政調の全体会議（政調審議会）、総務会はそれを追認する儀礼的なものとなる。

自民党にとっては、政調は党が政策に対して影響力をふるうための最も有効な機関である。自民党政権が長期継続するにつれて、政治家もそれぞれの関心や利害に応じて特定の部会に長く在籍し、政策形成のノウハウを吸収するようになった。このようにして生まれた専門的な政治家が族議員であった。部会の議論を取り仕切る有力な族議員は、官僚からも一目置かれ、政策形成において常に官僚から相談を受ける存在となった。さらには、政策をめぐる対立を最終的に決裁する有力者も生まれた。

族議員政治と政官関係

自民党が官僚機構に平行して専門分化した中で、個々の政策問題については幹部族議員に自民党の力が集中する結果となった。いわば、有力族議員が、議会で多数を持つ与党の代理人として、与党がこれに合意するかどうかの選択権を握る形となったのである。したがって、政策形成における政官関係は変化を遂げていった。単純な官僚支配のモデルは、族議員による政策形成の過程には当てはまらないという指摘も、ある意味では妥当なものである[22]。国会が法案・予算審議に関して制度上持つ決定権力を背景に、族議員は官僚に対する影響力を高めたことは確かである。

しかし、族議員の台頭は、官僚にとって決して不都合な現象ではなかった。政調部会の体制が確立したことは、霞が関の官僚機構が永田町の自民党本部に平行移動したことを意味する。官僚にとっては、自らの権益を追求するために自民党に橋頭堡を築いたということもできるのである。

特に、この仕組みが確立した一九六〇年代は、たびたび述べたように、高度成長期であり、政策も様々な領域に拡充された時代であった。こうした環境にあって、官僚と族議員は対立する存在ではなく、利害を共有し、それぞれの利益追求のためにお互いに利用・協力し合う関係にあった。官僚がアイディアを出し、政策、事業の設計を進める一方、族議員は与党をとりまとめ、それらの政策が円滑に法律、予算として具体化するよう奔走するという役割分担が存在した。また、政策を具体的に実施する際に必要な情報、どのような地域で誰が政策を求めているかを官僚に指し示すことも族議員の仕事であった。それは、陳情という形で現れた。こうしたネットワークを、政策コミュニティと呼ぶ。

法案形成のイメージを示すと次のようなものになる。法案を所管する行政組織（中央省庁の課レベルであり、そうした課を官庁用語で原課と呼ぶ）は、与党議員からの求めに応じて、資料を持った官僚を自民党の政調部会の会議や議員会館の政治家の個室に派遣して、「ご説明」を繰り返す。相手方の政治家の偉さに応じて、派遣される官僚は局長から課長補佐まで様々である。官僚の根回しが行き渡ると、政調部会の議論も円滑に進み、与党の了解を得ることができる。中には、官僚を呼びつけて怒鳴り散らす行儀の悪い政治家もいるが、そうした政治家ほど、補助金、公共事業などの「お土産」を与えることによって容易に籠絡できる政治家という一面を持っている。さらに、声の大きな政治家を日頃からそのようにして手なずけておけば、与党における政策論議の場で官僚にとって頼もしい味方となり、予算獲得や組織防衛の時に役立つ。

このように、日本の内閣と与党との間には、地下茎のような相互依存、協力関係が存在した。この相互依存関係を支えた要因としては、政党と官僚をつなぐ媒介としての官僚ＯＢ議員の存在が挙げられる。官僚は政治家にならないという不文律があるイギリスとは対照的に、戦後日本において官僚制は自民党の政治家の供給源であった。その中でも、参議院の存在を無視することはできない。参議院のかつての全国区、現在の比例代表区には、必ず各省庁のOBが立候補し、関連業界の組織票を獲得することにより、議席を確保してきた。農協や土地改良区が農林省OBを支え、建設業界が建設省OBを支えるといった構図である[23]。このようにして選ばれた参議院議員は、それぞれの分野の族議員の束ね役となる。自民党と省庁の間で調整が難航した場合には、これらのOB族議員が最終的な調整を行うという秩序が、それぞれの分野に存在した。その意味で、参議院は決して無用の長物ではなかった。本来の二院制の理念とは異なった形ではあるが、参議院は自民党と官僚組織をつなぐ媒介、政策コミュニティのまとめ役として機能したのである。

与党と官僚の協力関係が、地下茎のようなネットワークという形態をとったことは、政策形成に様々な影響を与えた。

政治家と官僚にとっての利点は、次のようにまとめられるであろう。官僚にとって族議員は全国各地から政策に対する需要を伝達するネットワークの役割を果たしてきた。大蔵（財務）省以外の各省庁にとっては、新規政策を立案し、予算を獲得することが最も重要な課題である。その点で、族議員は生きた情報を伝達し、予算獲得に向けて助力してくれるという意味で、官僚の業務・権限拡張にとって欠かせない応援団であった。また、政治家にとっては、官僚と長期安定的な相互依存関係を構築することによって、自らの支持基盤に対する利益配分を継続できるという大きな利点が存在した。八〇年代には、当時の最大派閥田中派（竹下派）が「総合病院」と呼ばれた。これは、この派閥がいかなる政策的な需要にも応える能力を持つという意味であった。こうした能力は、族議員と官僚との濃密なネットワークが存在したからこそ可能になったのである。

同時に、この地下茎のネットワークには弊害もあった。第一は、権力と責任の乖離である。先に説明した政策形成の仕組みにおいては、自民党政調会における決定がきわめて重要な意味を持っている。政府提出法案や予算が国会に上程された後は、党議拘束を前提とすれば、政策をめぐる議論はいわば結論の見えた儀式である。政調会、特に部会における意思決定が実質的な政策決定としての意味を持っている。しかし、自民党は法律的には権利能力なき社団であり、党としての活動は私的自治の範疇として放任されている。そこに、権力と責任の乖離の原因がある。政策的な利益を得たい私人が自民党の政治家に対して金品を提供した場合、国会議員は特別職国家公務員であっても、党としての活動は私的自治の範疇であるから、刑法における公務員の瀆職規定には抵触しない。ちょうど、実質的な総理大臣を選ぶ選挙である自民党総裁選挙で、どれだけ金が動いても刑法で言う贈収賄には当たらないのと同様である。ここに、合法的な腐敗の原因がある。地下茎ネットワークが活動する過程はきわめて不透明であり、それを外部から検証することは不可能である。そして、その不透明さの陰で、政策的利益配分と資金の提供との交換が恒常化していった。権力と責任の乖離という現象は、日本の内閣において内閣と与党が分離、並行することの帰結ということもできる。

第二は、少数決の仕組みによるレントシーキングの横行である。レントとは、市場に政策的介入が行われることによって、供給者（生産者）にもたらされる超過利得のことである。補助金や税の減免は最も見えやすい例である。規制によって競争が抑止され、その結果、本来市場競争をした場合よりも価格が高止まりし、それによって供給者が得る超過利益もレントである。レントは、納税者や消費者という不特定多数の負担によってまかなわれる。本来、多数決原理が作動するならば、レントによって損失を被る大多数はそうした政策の廃止を決めることができるはずである。しかし、実際には様々な分野でレントが存続してきた。まさに、地下茎のネットワークは、レントを創設し、維持する上で大きな役割を果たした。

このネットワークは、比較的小規模の閉ざされた空間に存在する。政調部会の人数は三〇名前後であり、特に議論を取り仕切る有力幹部はせいぜい五名程度である。これに対応する官庁の官僚と、幹部族議員が閉ざされた政策コミュニティを形成し、そこで政策形成が仕切られてきたのである。与党の国会議員は衆参合わせて四〇〇名以上存在したが、具体的な政策形成は数名から三〇名程度の族議員がそれぞれ担ってきたのであるから、政策コミュニティの主役たちは、社会全体から見れば少数者であっても関連分野の政策には圧倒的な影響力を及ぼすことができた。各分野の族議員は相互不可侵の原則で行動し、一つの部会でまとまった政策が全体の議論の場でくつがえされることはなかった。

もう一つの大きな問題は、自民党自身の意思決定能力の低下であった。官僚が日常的に自民党における政策調整に深く関与し、調整の下支えをしてきたということは、自民党自身が自らの力で政策形成、意思決定を行う能力を十分鍛えてこなかったということを意味している。ルーティン的な利益配分については、意思決定能力など必要ない場面が大半であった。しかし、省庁横断的な課題で組織間の利害対立や衝突が起こる場合、官僚自身の既得利益を削減する必要がある場合などは、与党が政治的に決断を下さなければならないこともしばしばあった。しかし、官僚制における割拠主義が自民党にまで平行移動し、政策決定はデッドロックに陥った。七〇年代から八〇年代にかけて次々と日本をおそった市場開放、規制緩和問題などはその典型であった。

日常的な政策形成における官僚依存の体質が自民党に定着したことが、意思決定能力低下の一つの原因であった。また、自民党が政権の座を守ること以外に具体的な政策を共有していないことも、意思決定が困難になる理由であった。政党として最優先すべき理念が明確であれば、利害紛争を解決することも可能であるが、複数の価値観が対立したままでそれを乗り越える、より上位の権威が存在しない場合、意思決定は麻痺する。こうした意思決定の不全は、経済摩擦をめぐる国際交渉と国内調整においてしばしば発現した。

日本的な内閣システムにおける政官関係のネットワークは、このような欠陥を持っていたが、一九六〇年代から八〇年代まではそれらに対する関心が高まることはなかった。一九九〇年代に入ってこの仕組みの弊害が露呈し、改革が論じられるようになったことについては、章を改めて詳しく説明したい。

Ⅲ章 内閣制度はどのように論じられてきたか

1　議院内閣制に関する改革の論理と試行

内閣制度改革論の系譜

もちろん、それぞれの時代に日本の内閣のあり方について、批判や改革の提言がなかったわけではない。日本における内閣制度に対する批判の議論をまとめれば、次の論点に集約できるであろう。

第一は、内閣が、本来の指導、調整能力が発揮できないという批判である。これには、行政府官僚制の抵抗と、与党の抵抗の二つの要因がある。この点は、既に説明した日本型の内閣の運用から派生する問題である。内閣と与党が分離され、それぞれにおいて政策の調整が並行して行われる。二つの系列における調整が一致する保証はなく、内閣の路線と与党の路線が食い違うことも起こりうる。

また、日本の行政機構は分担管理原則をとっている。この原理においては、行政権力の行使の主体は各省の大臣である。また行政機構においては、政治的要素は排除されており、大臣は孤立した存在である。分担管理原則と政治的要素の排除とが重なり合うと、結局各省の官僚組織が独立王国のように振る舞うという帰結が導かれる。分担管理原則の下でも、内閣が国政の最高指導機関としての実力を持ち、各省大臣が自立した政治的主体であるならば、各省の政策を国政全体の見地から考え、大臣の指導力によってこれを決定することも可能である。しかし、日本の内閣にそのような政治的実力は備わっていなかった。この点について、議院内閣制という制度そのものに由来するというのが批判の論点であった。

第二は、与党の国会議員が首相を決定するという制度が、党内人事と民意の乖離を生むという批判である。自民党結党以来、首相のポストに直結する総裁選挙が、政策不在の金権選挙であることは、常にマスメディアから批判されてきた。とはいっても、池田、佐藤の両政権の時代には、大派閥のリーダーが自力で総裁選挙を勝ち抜き、自民党の最大権力者が内閣の最高権力者になるという意味では、権力の所在は明確であった。しかし、いわゆる三角大福の時代以降、特に当時の最大派閥の指導者であった田中角栄が金脈事件、ロッキード事件で政治の表舞台から退いた後には、内閣の運用はきわめていびつなものとなった。一九七〇年代中ごろから九二年の当時の竹下派分裂までの間、自民党では田中派（後の竹下派）が最大派閥として君臨し、田中派を軸としてこれと他の派閥の連合により自民党内の多数が形成され、総裁・総理を支えるという構造が定着した。いわば、派閥連合のハブとなる派閥が安定している状況においては、このハブ派閥の意向によって総裁・総理が決定される。

七八年の自民党総裁選挙で田中派が大平正芳を全面的に支援し、一般党員による予備選挙で圧勝して、現職の総理・総裁であった福田赳夫を破ってから、この仕組みは始まった。中曾根政権時代に、田中派は分裂し、大半が竹下派に移った。中曾根政権退陣後も、竹下派がハブ派閥として、総裁選びに絶大な力を振るった。一九九一年に海部政権が退陣したとき、当時の竹下派事務総長であった小沢一郎は総裁候補者を自派の事務所に呼び、「面接」を行ったほどであった(1)。

こうした構造は、二重権力構造とも呼ばれた。ハブ派閥の実質的なリーダーが総裁・総理にならず(なれず)、キングメーカーとして大きな影響力を持つという意味である。こうした構図で生まれた首相は、国民との関係において正統性をもてなかったのは当然であった。与党の中でも首相を軽んじる勢力があり、首相は与党に対して指導力を振るうことは出来なかった。この構図の中では、政策は族議員を主体とした政官連合体の調整によって決められた。また、政権運営全般は、最大派閥を中心とした政治家の調整によって仕切られた。

このような政治状況を見て、国民は、国民の意思とは無関係に、自民党の都合によって首相が入れ替えられるという不満を強めるにいたった。日本の首相は無力であるという通念はこの時代にいっそう高まり、それは与党の多数派が首相を決めるという議院内閣制に対する欲求不満につながっていった。

第一次臨時行政調査会の内閣改革論

このような内閣制度の実態に対する改革の議論としては、時間的な関係は前後するが、まず池田内閣のもとで一九六一年に発足した第一次臨時行政調査会の改革意見（一九六四年）が挙げられる。第一次臨調は、戦後日本で最初に設置された体系的、包括的な行政改革の審議機関であった。そして、第一次臨調は、日本の内閣制度の運用が抱えていた問題点について、逸速くきわめて的確で包括的な分析を加えていたと評価することができる。

まず、日本の内閣の問題点として、改革意見は次の三点を挙げている。第一に、国務大臣が行政長官を兼ねていることに由来する総合調整機能の欠如である。閣僚が国政を大所高所から論じるのではなく、各省の利害を主張する存在となり、内閣の調整機能が働かない。第二に、与党自体の調整力の欠如が内閣に反映されるという問題がある。さらに、与党と行政府の接続についても、内閣に一本化されるのではなく、与党の政務調査会、その部会などが各省に直接接触することから、内閣の調整機能がさらに阻害される。第三に、行政部内に存在する割拠性が行政の統一性を妨げている。省庁を超えた人事交流はまれであり、各省に関連業界、関連団体が絡みつき、割拠性はいっそう深刻になっている。

そして、対策として次の六つを挙げている。

1 国務大臣に適材を当て、内閣の統括管理の機能を充実する。

2 国務大臣の在任期間の著しく短い今日の状況を改善し、国務大臣が行政に通暁できるようにする。

3　内閣法第九条による内閣総理大臣の臨時代理を副総理格として常置し、総理大臣と一体性を保持する。

4　閣議の総合調整機能を効果的に発揮するために、閣議の分科会の運用としての関係閣僚会議をよりいっそう効果的に運用する。

5　内閣の補佐機関を充実するために内閣総理大臣を長とする内閣府を設置し、内閣補佐官を置く。

6　予算編成に関する制度および運用を改善して予算の持つ政策決定および総合調整の機能を内閣が十分に確保する方法を講ずる。

後から読み直してみると、第一次臨調の提言は、その後の内閣制度改革の要点を先取りしたものだったと評価できる。

第一次臨調は、総合調整の中でも予算編成機能のあり方を重視した。それ以前の日本では、本来大蔵省の予算調整権限は内閣が予算を決定するための準備と位置づけられているにもかかわらず、内閣の調整力が不足していたため、事実上大蔵省が予算編成の主導権を掌握してきた。その当時は高度経済成長の時代で、税の自然増収が潤沢に発生しており、各省庁がその増分を獲得する競争を展開したため、配分権を握る大蔵省の権力はますます強くなっていった。第一次臨調は大蔵省が予算編成を通して行政の全般的調整の役割を果たしているところに問題があると指摘している。

しかし、予算編成権限を大蔵省から内閣に移すという構想は、勧告では採用されなかった。大蔵省の役割は残しつつ、内閣に補佐官を置き、これが予算編成方針の作成、新規・重要事項について予算の大枠を決める、各省と大蔵省の協議不調の場合に調整するなどの役割を担って、予算編成における調整を主導することが提案された。

また、内閣の総合調整機能を強化するために、内閣府を設置し、そのもとに経済企画庁、内閣法制局、総務庁（当時の総理府本府と行政管理庁などを統合したもの）、総合開発庁（当時の北海道開発庁や国土整備関係の機関を統合したもの）をおくことも提案された。

しかし、第一次臨調が行政改革を議論した時代は高度成長期と重なり、税の自然増収の拡大や各種の行政サービスの拡張の趨勢の中で、行政改革への関心は高まることはなかった。また、改革意見の提出は一九六四年九月というタイミングであり、ちょうど当時の池田首相が病気で入院したばかりの時であった。その直後、池田は退陣を表明し、同年一一月に佐藤栄作が首相に就任した。その後ほどなくして池田は病没した。したがって、折角の改革意見も、名宛人を失った形となった。佐藤は池田に対してライバル意識を持っていただけに、池田が残した行政改革の構想を実現することには意欲がわかなかったと考えられる。その結果、内閣制度についても、制度改革は行われなかった。

一九六〇年代から七〇年代にかけての高度成長期には、結局内閣が実質的な権力主体として積極的に行動するということ自体必要とされず、政治家もそのようなテーマに関心を持たなかったということができる。高度成長期の予算編成はポジティブ・サム・ゲームであった。潤沢な税の自然増収のおかげで、各省庁はそれぞれ予算増を勝ち取ることができ、自らの政策や組織を膨張させてきた。資源制約の下での総合的な調整という問題など、存在しなかった。また、当時は一ドル＝三六〇円という、日本の輸出にとってきわめて好都合な為替レートが固定されていたが、これに対しても国際的な不満や批判は存在しなかった。対外関係についても、日本は憂慮する必要なく、国内政策に専念できるという幸福な状況で政治家も官僚も行動した。その意味で、政府のコントロールタワーも必要とされなかったのである。

2　首相公選論

首相公選論の系譜

日本的な内閣制度の弊害を是正するための議論として、首相公選論がしばしば注目を集めた。首相公選制度の具体的なイメージは、論者によって異なる。(2) この議論は、具体的な制度設計に重点があるのではなく、ここで述べたような与党と民意の乖離に対する欲求不満の表現として、政治的な意味を持ってきたと言わなければならない。

一つの提案は、自民党が政権を持つことを前提として、国会議員以外の一般党員の参加により首相候補としての総裁を選出するというものであった。これは、一九七〇年代中頃、三木武夫内閣の頃から論議され、七九年の自民党総裁選挙から実施された。ロッキード事件が発覚し、自民党内で派閥抗争が熾烈になった時期だけに、党改革を唱える三木のもとで総裁選挙の開放が進められた。このように、自民党の総裁選出手続きに首相公選論が影響を与えたことは確かであろう。党改革の文脈で首相公選論を議論する限りは、国制を変更するという大がかりな話には展開しない。

首相公選論の中には、国民の直接選挙によって内閣の長を選出すべきという提案もあった。これは、名称はともあれ、アメリカのような大統領制を導入することを目指すものであった。首相の選出を国会による指名から国民の直接選挙に変更するのであるから、このような制度変更を実行するためには憲法改正が不可欠である。一九六〇年代前半に提起された首相公選論は、憲法改正の突破口を開くという政治的なねらいがあったようである。また、中曾根康弘が当時首相公選論を唱えた背景には、憲法改正への引き金と並んで、派閥抗争を迂回して首相の座に到達するための道筋を開くという現実的な思惑もあったと考えられる(3)。また、九〇年代にはいると、政治改革の文脈において、派閥政治を打破し、国民の政治参加を拡大するという観点から注目を集めるようになった。特に、大統領制と同様の制度を持つ日本の地方自治体において、九〇年代に入って知事、市長の活躍が目立つようになった。直接住民から選ばれたという権威や正統性を背景に、官僚機構や議会に対して強い指導力を発揮して、改革を推進した事例を見て、国政レベルでも同様の制度を求めるという声が高まった。

しかし、首相公選論はおしなべて十分に練られた議論ではなかった。一つの問題は、天皇制との関連であった。国政の最高指導者を国民の直接選挙によって選出するということは、その指導者がきわめて強い正統性を持つことを意味する。実質的にアメリカ型の大統領のような存在になることは不可避で、またそのような権威を持たなければ首相公選制は無意味である。そうなると、政治的権威としての天皇が不要になるのではないかという懸念が表明されていた。かりに、フランスやドイツのように、元首としての大統領を公選し、大統領が首相を任命するという形を目指すのならば、特に象徴天皇制との衝突が問題となる。

民主主義と関わるより実質的な問題として、分割政府の可能性が常態化するという点が指摘されていた。即ち、公選制においては、国民が選んだ首相と議会の多数派が一致するという保証はなくなる。このことはアメリカの大統領制においてもしばしば起こる現象である。行政府の長と議会との間で意思の食い違いが起こった場合、これをどのように決着させるかについては周到な制度設計が必要となる。アメリカ憲法においては、大統領と議会の間に、大統領の拒否権や議会による大統領の弾劾などの詳しい規定がある。日本で首相公選制を導入する場合、公選首相は議会の解散権を持つのかどうか、議会は公選首相を不信任できるのかどうか、公選首相は議会の立法や予算議決に対して拒否権を持つのかどうかなど、きわめて重大な論点が存在する。こうした点で、首相公選論は十分に検討されていなかったといわざるを得ない。

すでに述べたように、首相公選論は、日本的な議院内閣制の運用に対する欲求不満の表現であった。日本で内閣制度の欠点と考えられてきた問題は、内閣制度それ自体の問題ではなく、自民党という政党の問題点や官僚機構の欠陥であった。それをもう一度整理すれば、次のようになる。

自民党においては、中選挙区制度、基本的な政策を共有しない利権共同体という体質、派閥連邦制という体制、内閣と与党の二元構造、党運営におけるある種の平等主義、政権交代の欠如が結びついて、日本的な内閣制度の運用が形成された。

まず、中選挙区制という土台の上に自民党の政治家は生息した。この仕組みにおいて、言うまでもなく自民党公認の候補者同士が議席をめぐって争った。自民党の公認はもちろん選挙において重要な意義を持ったが、それはモラルサポートにとどまった。政治家は選挙に勝ち抜くために必要な組織や資金を基本的には自前で調達しなければならなかった。逆に言えば、自前で選挙を勝ち上がった政治家であるからこそ、党としての政治家に対する統制や管理が行き届かないという面もあった。また、そのことは自民党内のある種の平等主義文化と結びついていた。党内にイギリスのようなフロントベンチとバックベンチの明確な区別は存在せず、当選回数に応じて党や内閣の役職に就くある種の平等主義が定着した。これも、個々の政治家が自前で選挙を勝ち抜いてきたという背景があったからこそ、政治家同士がある程度対等な関係に立つことが可能となった。

派閥は中選挙区制度と密接に結びついていた。同一選挙区で複数の自民党候補が戦うため、派閥が政治家を援助した。自民党は派閥の連邦制国家のような性格も持っていた。特に、総裁選挙や組閣などの人事をめぐって、派閥は人事抗争の基本単位となった。

中選挙区制においては、選挙の際には首相や政権のイメージよりも、個々の候補者の力量が勝敗を分ける重要な要因であった。したがって、リーダーや政権の基本政策が国民の支持を得るかどうかは、政治家にとっては二義的な問題であった。自民党の人事や政策が国民世論から乖離したもので、一時的に世論の顰蹙を買っても、それが直ちに次の選挙における政治家の生命に直接結びつくというわけではなかった。自民党内の人事と民意の乖離が可能になったのは、このような政治的環境が存在したからである。

自民党という政党は、政権を占有することに最大の存在理由を持っていた。個々の政治家にとっては、支持者や地元に対する利益配分が最も重要な仕事であった。政策紛争を解決する明確な理念は存在せず、内閣に集まる形式上のリーダーは常に実質的な権力や権威を持っているわけではなかった。

このように、自民党においては権力と責任の所在が曖昧で、公式制度上の権力中枢である内閣は必ずしも権力の中心ではなかった。また、与党の閉ざされた空間で人事や政策が実質的に決定され、それがしばしば民意と乖離したことが、内閣制度に対する国民の欲求不満を招いた。また、政権交代の可能性が実質的に存在しなかったことも、自民党の政治家を民意との乖離に鈍感にさせたことも、重要であった。

官僚機構においては、分担管理原則と予定調和的政策形成が内閣の総合調整機能を阻んできた。即ち、省益の総和が国益になるという楽観的な前提のもとで、各省（省内の局課）を単位とした政策形成が進められた。自民党のある種の平等主義的な人事のもとで、官僚組織は大臣を省益の擁護者として手なずけてきた。また、自民党の政策審議機構を各省の分業を反映した形で植民地化した。官僚組織と自民党のインフォーマルな調整の中で、官僚組織は自民党における政策的な意思形成に深く関与して、自らの意図を実現するために自民党を政策形成システムに組み込んできた。こうした専門分化が内閣に浸透したために、内閣の総合的な意思決定やリーダーシップは十分に機能しなかった。こうして、首相のリーダーシップの限界や内閣の総合調整機能の不足という批判が世論の底流に存在することとなった。

小泉政権と「首相公選を考える懇談会」

日本的な内閣の弱体性をもたらした政治、行政上の要因をまとめれば、以上のようになる。ただ、いわゆる右肩上がりの経済成長を前提として、予定調和的な政策形成が大きな弊害を露呈しない間は、内閣の弱体性に対する不満もそれほど大きくなることはなかった。しかし、一九九〇年代に入って、これらの政治、行政上の要因が急速に変化を始め、内閣をめぐる論議は大きく変化し、実際にも重要な制度改革が実現することとなった。制度自体は後述するように、橋本龍太郎政権時代の行政改革でかなり変化した。

さらに小泉純一郎政権の下で、日本の内閣制度の運用に関わる問題点が急速に可視的になり、運用も大きく変化した。そうした認識を集約し、方向付けを考える上で重要な役割を果したのが、小泉首相が就任直後に設置した「首相公選を考える懇談会」であった。この会には筆者自身も委員として参加しており、客観的な評価は難しいかもしれないが、他方で内情を知ることができた。

この懇談会は二〇〇一年夏に発足し、翌年八月報告書を提出した。報告は、アメリカ型の大統領制に移行する第一案、議院内閣制の骨格を残しながら、民意と国政の直接的な連関を強化するために憲法改正を含む制度改革を提案する第二案、現行の議院内閣制を前提としつつその運用の改善を求める第三案という三つの提案からなっていた。

この懇談会の座長は、佐々木毅東京大学総長（当時）が務めた。政治学、公法学の分野から参加したのは、大石眞、久保文明、私の三人であった。この学者委員の中に共通した問題関心は、強力で安定的な権力基盤を築き、国政の円滑で有効な展開を確保しつつ、同時に国民に対する政治責任を果たし、公開性を担保するためにはどのような制度が必要かというものであった。こうした問題関心は、懇談会報告書提出後、学者委員が中心になって執筆した『首相公選を考える』（中公新書、二〇〇二年）に佐々木が寄稿した文章、「首相公選制論と現代日本政治」により体系的に表現されている。

まず、第一案、第二案について、二つは制度設計の基本思想が異なっているが、共に首相の権限を強化し、その地位や任期の安定性に配慮している点では同じであり、国会からの首相の独立性を意識的に強調していると説明している。その理由について、安定した形での統治活動を実現し、政策が細切れ的になるのを防止し、国民に対する責任の所在を明確にすることを目指したと述べている。首相の権限強化については、常に独裁や権力の暴走という懸念がつきまとい、権限の強化よりもチェックに重点を置くことを万事につけて重視するタイプの議論が、戦後日本では有力であった。しかし、佐々木はそうした権力をチェックすることに力点を置く議論について、「互いの暴走を阻止することには有効であっても、権力作用の積極的活用を期待することはできない。つまり、チェック重視の仕組み作りはその意味で『保守的』な性格を帯びている」と述べている。

佐々木の見解は、懇談会の学者委員に共通したものであった。その根底には、「失われた十年」に対する政治の責任について、共通の感覚を持っていたという事情が存在したように思える。バブル経済崩壊後、九〇年代を通して経済低迷が続き、この時代は「失われた十年」と呼ばれている。この停滞をもたらしたことについて、政治、行政にも責任があった。不良債権処理や、産業構造の転換について、的確な政策を迅速に決定、実施できなかったことが、九〇年代を失ったことの大きな原因の一つであった。自民党にも、官僚機構にも、様々な既得権が存在し、それらを保持する政治家や官僚が「ヴィトー・パワー」（拒否権集団）となって政策の転換を阻んできたという認識が我々には共通していた。一方で必要な政策転換を起こすためにリーダーシップが求められているにもかかわらず、官僚機構も政党も分散的であり、権力の所在が明らかではなかった。したがって、統治機構の再検討を通して、権力を集中し、有効な政策を迅速に決定・実施できる体制を構築することが必要であるという認識が、首相公選制の検討の前提となっていた。私自身は、大規模な憲法改正などの制度変更を伴わなくても、議院内閣制の運用を変えることでこうした目的を達することができるという立場から、第三案を起草したが、あくまで権力の集中を確保し、権力を積極的に活用するという方向性は共有していた。

改革とは常に多義的なものである。小泉政権のように、政策の転換が軍事力の強化や小さな政府の徹底という方向にも向かいうる。それを阻止するためには統治機構に各種のブレーキを組み込むという発想もある(4)。しかし、地方分権、社会保障制度の拡充など従来の革新側の理念を実現するためにも、権力の集中による強いリーダーシップは必要である。常にブレーキをかけることを志向する制度設計では、こうした課題に答えることはできない。従来のチェック優先の制度論は、いわば自民党一党支配を自明の前提としており、改革を論じる者の理念とは正反対の政策を政権が志向しているという前提のもとで展開されていた。論者がそのことを自覚的に理解していたかどうかは別として、それらは暗黙の前提となっていたのである。

3 憲法学における内閣論の変化

伝統的憲法学と議院内閣制

a 権力分立の解釈

伝統的な憲法学においては、議院内閣制の解釈、運用においても権力分立原理が大前提とされた。国会が内閣総理大臣を指名することによって行政権を作り出すという見方は、憲法学の主流には存在しなかった。この点は、憲法四一条の「国会は国権の最高機関である」という規定の解釈をめぐって端的に表れている。国会（立法府）が他の二権と同等の権力機関であるという狭義の権力分立論に立つならば、四一条の「最高機関」という文言には実質的な意味はないことになる。また、そうしなければ、四一条は権力分立原理と矛盾することになる。他方、国会が行政権の最高指導者を決定する権限を持ち、事実上国会の多数勢力が立法と行政の二つの権力を動かすという議院内閣制の運用を直視するならば、四一条は実質的な意味を持つことになる。

現在のところ憲法学の最も権威ある教科書である芦部信喜の『憲法』では、この文言について、次のように解釈している。

「最高機関」とは、国会が主権者である国民によって直接選任され、その点で国民に連結しており、しかも立法権をはじめ重要な権能を憲法上与えられ、国政の中心的地位を占める機関である、ということを強調する政治的美称である。国会は主権者でも統治権の総攬者でもなく、内閣の解散権と裁判所の違憲立法審査権によって抑制されていることを考えると、国会が最高の決定権ないし国政全般を統括する権能をもった機関であるというように、法的意味に解することはできない。(5)

芦部は、伝統的な「政治的美称説」をこのように解説している。こうした憲法解釈は、国民による自己決定、自己統治という民主主義の理念よりも、権力分立を重視した結果生まれてくるものである。芦部は近代憲法の原理としての権力分立を次のように解釈している。三権分立とは、権力が単一の国家機関に集中すると濫用され、国民の権利・自由が脅かされる恐れがあるので、国家の作用を立法、行政、司法というように「区別」し、それを異なる機関に担当させるよう「分離」し、相互に「抑制と均衡」を保たせる制度である。そのねらいは、国民の権利、自由を守ることにあり、権力分立は「自由主義的な政治組織の原理」であると述べている。(6)

憲法学者の中には、四一条をもう少し積極的に解釈しようとする者もいる。小林直樹の唱える「総合調整説」がそれである。小林は、国会が主権者たる国民を直接代表する点で、相対的に最も高い地位にあることが、権力分立制と矛盾せずに当然予定されていると解釈する。そして、国会は立法のみならず、国政に関する総合調整権を持つ点で、他の機関よりも広い役割を持ち、他の機関にはない特徴を持つところに、四一条の「最高機関」の意義を見出そうとする。[7]ただし、この学説においても国会が行政権に対して上下の指揮命令関係を持つものではないという前提は共通であり、控除説と質的に異なる理論ではないと言わなければならない。

もちろん、芦部も議院内閣制を取り巻く大きな環境の変化は認識している。第一に、二〇世紀の積極国家の要請に伴い、政府の役割が拡大し、政策を実質的に作成、実施する行政府の力が拡大する行政国家現象が進んでいる。第二に、議会を実質的に動かす政党の役割が拡大し、政党が国家意思の形成に事実上主導的な役割を演じる「政党国家」の現象が顕著になっている。この結果、伝統的な政府と議会の関係は、政府・与党と野党の対抗関係へと機能的に変化している。この点で議会主義の再生が望まれている。第三に、裁判所による違憲審査制が導入され、司法権が議会・政府の活動をコントロールする「司法国家」の現象が進展している。このような状況において、権力分立のあり方を再検討する必要が生じているが、その場合でも、人権の確保という権力分立制の根本思想を維持し、国家権力の強大化を防止していくことが重要であると主張している。[8]

b　憲法学から見た議院内閣制の本質

芦部は、議院内閣制の本質的要素として、議会（立法）と政府（行政）が一応分立していること、政府が議会（両院制の場合には主として下院）に対して連帯責任を負うという二点を挙げている。内閣は議会の単なる付属機関ではないが、同時にアメリカ大統領制のように明確に切り離されたものでもないというのがその趣旨である。そして、議院内閣制について、イギリスの古典的な内閣制のように内閣が解散権を持ち議会と内閣が均衡をとるタイプと、第三、第四共和制におけるフランスのように解散権が行使されず、議会による内閣の民主的統制を最も重要視するタイプの二つの類型を挙げている。

このような整理のうえに、日本の議院内閣制については、均衡重視のイギリス型か、民主的統制を重視するフランス型か、憲法上明確ではないと述べる。内閣は解散を自由に行えると考えるならば均衡型となるし、解散は憲法六九条の不信任決議に基づく場合のみと考えるならば、民主的統制モデルと考えられる。

現実的には、戦後憲法の下で、憲法七条に基づいて内閣は自由に解散を行ってきたのであり、芦部の言うフランス型モデルは成り立たないはずである。しかし、イギリス型の議院内閣制を均衡重視と考える芦部の学説は、現実からかけ離れているように思える。すでにバジョットの古典的な解説に基づいて説明したように、イギリスの議院内閣制においても議会の多数派と内閣の指導部は一体化している。議会における多数派が崩壊し、安定的な国政運営ができない場合、デッドロックを打開するために解散が行われることはある。しかし、そのような事態は例外的である。むしろ内閣は、与党にとって最も有利なタイミングを計って解散を行う。つまり、通常の状態であれば、解散は与党を持続させるために行われるのである。したがって、解散を内閣と議会の間の均衡のための手段と捉える見方は、現実を説明できないように思える。

もちろん、芦部も現代国家における議院内閣制の変容については承知していた。この点に関連して次のように述べている。

古典的なイギリス型で重視された均衡の要件は、あくまでも建前であって、実際には、この建前は君主の権力の名目化、すなわち行政権の一元化と、二大政党制の確立にともなって崩れ、多数党を基盤として成立する内閣が優位する議会政（cabinet government）と呼ばれるものに変容している。政権交代のない自民党支配体制の下にあった時代の日本の議院内閣制も、実態はそれと異ならなかった(9)。

しかし、伝統的な憲法学の関心は、現実の運用を解明することには向かなかった。あくまで権力分立の枠組みを通して、政府権力に対する牽制、チェックという観点から内閣と議会の関係が考察されたということができる。こうした視角をもたらした要因として、伝統的な憲法学における行政の定義の重要性を指摘しておきたい。憲法六五条では「行政権は内閣に属する」と規定されているが、行政権とはすべての国家作用の中から立法と司法の作用を除いたものという控除説が伝統的な憲法解釈であった。こうした定義はきわめて消極的であり、行政国家、福祉国家の現状に合うように、「国家目的の積極的な実現を目指した活動」というような修飾を付ける定義もある。しかし、芦部はその種の新しい定義は行政の特徴や傾向の大要を示すにとどまると否定的に評価し、控除説を支持している[10]。

控除説のように、三権分立との関連で行政権を定義するならば、行政と他の二つの権力とは横並びの抑制、均衡の関係になる。したがって、現実の政治過程において議会と内閣の間に緊密な結合関係が発生しても、法的論理としてはあくまで議会と内閣は均衡モデルによって説明されることになるのである。

図Ⅲ-1　伝統的統治機構モデル

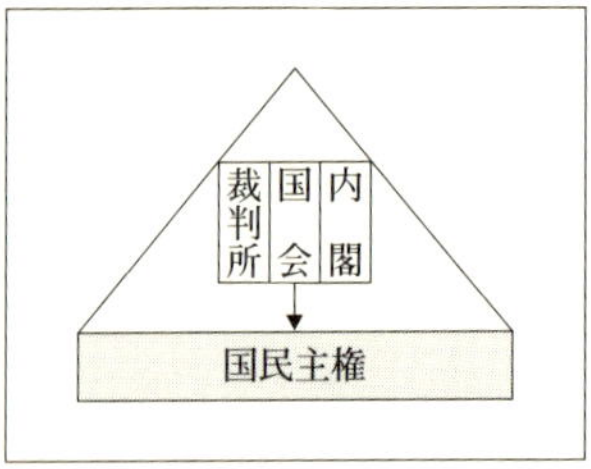

官僚支配と憲法学

a　伝統的憲法学における控除説と政治的美称説

控除説は、行政権に関するきわめて消極的な定義であると考えられているが、実はその消極性ゆえに官僚制の積極的な行動や大きな権力を正当化するという逆説的な役割も果たしている。実は、政府権力を抑制するために構築された議院内閣制に関する伝統的な憲法論が、いわゆる官僚支配をかえって正当化した。この間の論理連関を振り返っておきたい。

まず、控除説にたった国家権力の体系をモデル化すると、［図Ⅲ-1］のようになる。

控除説においては、議論の大前提として、国民の合意によって権力を構成するという擬制ではなく、実体としての国家権力が想定されている。権力分立の歴史的な成立過程をさかのぼれば、王や君主が持っていた国家権力を、集中や一元化がもたらす暴走、抑圧を防ぐために立法、司法、行政の三つの機能に分割するという展開が存在していた。権力分立はあくまで自由主義的な理念を実現するものであり、国民主権や民主主義と必然的に随伴するものではなかった。[11] そして、立法については被治者の代表者が関与した。封建時代は身分制議会において貴族、僧侶、市民の代表が立法に協賛した。近代的民主政治においては国民によって選挙された代表者が議会を構成し、立法権を獲得した。司法については、封建時代には法服貴族が担当し、近代国家においては専門的な法律家がこれを担うことになった。立法と司法という専門的に特化した権能を切り離した後、君主のもとには一般的な統治作用としての行政権力が残された。そして、君主の家臣団である官僚制が実質的に行政権を担うこととなった。明治憲法体制下の日本では、天皇の官吏としての行政官が行政府を構成していた。

アプリオリに存在する国家権力を分割するのだから、立法、行政、司法のそれぞれの権力の間には上下関係は存在しない。権力分立と抑制均衡の原理は、日常的な指揮、統率の関係を意味しない。権力の行き過ぎや逸脱があった時にこれを牽制、是正することが抑制均衡の作用である。その中で行政権は、議会が制定した法律を忠実に実行するという受動的な機能ではなく、国政全般についての広範な統治作用を担うことになる。議会が制定する法律は、行政権力の活動に対して一定の枠をはめるものであるが、活動の内容について細かく規定するものではない。日常の活動においては、行政府官僚制に裁量が認められることとなる。

内閣による議会の解散を行政権と立法権の間の抑制均衡の仕組みとして理解する解釈も、こうした権力分立イメージに適合的であった。議会が国王の統治に協賛するという役割から逸脱し、行政権の活動に干渉したり妨害したりするならば、内閣はそれへの対抗上議会を解散するというのが、古典的な権力分立図式における解散の意義であった。こうした図式は、戦前の日本における帝国議会にも当てはまる。政府は衆議院からの攻撃を退けるために、自由に解散を行うことができた。解散によって身分を失った衆議院議員は、勅勘議員、つまり天皇によって勘当された議員と言われていた。解散はまさに、矩を超えて統治＝行政権力に干渉した議員を懲らしめるための手段と位置づけられていたのである。

すでに述べたように、議院内閣制は歴史的な産物であり、実定的な法秩序によってこの制度を固定化することは適切ではない。その時々の民主政治の要請に合わせて制度の運用を進化させてきた所にこの制度の生命力がある。国王大権の時代に適合した制度の論理を国民主権の時代の政治に当てはめれば、様々な弊害が生じる。さらに、行政府の役割が過去二世紀の間爆発的に拡大し、官僚制の権力が飛躍的に増殖しているという環境変化も存在する。こうした状況の現代国家に対して古典的な権力分立の図式を当てはめれば、むしろ行政権力の独善を招来するという逆説が存在する。

たとえば典型的な官僚といわれた後藤田正晴の憲法観にそうした構図が現れている。後藤田個人は、官僚の思い上がりや行き過ぎを戒めており、官僚支配に反対していた。しかし、日本国憲法の議院内閣制の理解については、「国会がどんなに優位を強調しても、政府によって一夜にして解散させられる、という点を考えれば、私も、(四一条の解釈は) 政治的美称説でいいと思う。つまり、国会と行政は対等な関係といえるわけである」と述べている。(12) 後藤田も、行政府の中で政治的指導者の合議体としての内閣が、官僚組織を指揮監督するという関係を理想としている。それにしても、開明的な官僚OBである後藤田でさえ、議院内閣制を伝統的な権力分立の枠組みで捉えているのである。

b 官僚制に対する民主的な統制の形

言うまでもなく、現代国家における行政権の実質的な担い手は官僚制である。そして、国民主権原理によって立つ民主主義国家においては、官僚制は君主に直接従属する官吏という形で自らを正統化することはできない。官僚制はあくまで、国民によって権力を付与された政治指導者の意思を実現するために実質的作業を行うという点で、自らの存在を正統化しうる。大統領制においては、国民から直接選ばれた大統領自身が政治的意思を体現する存在となるが、議院内閣制においては、政治的意思は議会に表現されるのみである。その意味で、官僚制による行政権力の行使に対しては、議会による実質的な統制や監督が必要となる。

ここで、統制、抑制という課題に関して、議会と行政府官僚制の間には大きく二種類の関係が存在しうる。一つは、権力分立原理を現代の行政国家に当てはめて、議会の立法その他の権能による統制をより実質化するという関係である。もう一つは、国民の意思を反映する議会勢力が具体的に政治的意思を行政府官僚制に伝達し、その実現を命じ、実行過程を監督するという関係である。多数決原理を前提とすれば、議会の意思は議会の多数派の意思であり、議会の多数派が行政府を指導する権力体を組織して、官僚制を使うという形でこの関係は具体化される。議院内閣制における権力の融合という指摘は、この関係を捉えている。

しかし、古典的な権力分立の論理は、こうした官僚制の統制に関する現代的要請を遮蔽し、官僚制を不当に君臨させる結果をもたらす。

まず、立法による統制について考えてみたい。立法による行政に対する抑制が、行政活動に関する一般的な原則や手続き的ルールを定めるにすぎないならば、行政権力はきわめて広い裁量を謳歌し、統治活動に対して国民が実質的な統制を加えることは困難となる。政策内容が高度に専門化した現代では、そのことは特に当てはまる。にもかかわらず、たとえば戦後民主主義体制の日本においても、各省庁官僚制は、個別具体的な行政活動に関する根拠規定（行政作用法）に基づく活動のみならず、各省設置法における概括的な役割規定（行政組織法）に基づいて、広範な活動を行ってきたのである。かつての行政指導はその代表例であった。権力分立原理により行政権力の自律性を認め、行政権力の裁量を大きく許容するという制度解釈においては、このような官僚制の行動が是認される結果になるのである。

また、一九九〇年代後半の日本では、当時相次いだ官僚の失敗や不祥事に対して国会によるチェックを強化するために、アメリカの会計検査院（General Accounting Office）に倣って、日本の国会に行政監視院を付設すべきという意見が、国会自体の中で強まった。しかし、この時に行政府の監視を専門とする機関を国会に常置することは、権力分立原則に反するという反論が行政府から出てきた。これも、権力分立原理が議会による官僚制のチェックをむしろ遮蔽する論理として援用された例である。官僚制の活動が広範囲に及び、その権力が大きくなるだけ、議会によるチェックについてもより実質的な方法を模索する必要があるのである。

次に、議会勢力による実質的な行政権力の指揮、運用という課題について考えてみよう。国民の意思によって行政権力を動かすためには、国民を代表する政治指導者が行政府官僚制を実質的に指揮・統率し、国民が選択した政策を実行する体制を整備する必要がある。そのためには、行政府において官僚制を指揮・統率する政治家の量、質を確保しなければならない。

一般に行政府を構成する二種類のアクター、政治的指導者と職業的行政官（官僚）はそれぞれ強みと弱みを持っている。職業的行政官は身分保障があり、その意味では大きな権力を保持しうる。しかし、職業的行政官は常に政治指導者によって任命され、指示を受ける存在であって、自らは決して組織の頂点の指導的地位に上ることはない。職業的行政官は、継続性を確保する一方、そのような受動性という宿命を持っているはずである。他方、政治指導者は行政官を任命し、活動の指示を与えるという点で強い権力を持つが、その任期が限定されるという制約を持っている。選挙で勝利して政権を維持できなければ、指導者の地位を失う。能動的な権力を持つ一方で、時間的な限定性という宿命を持っている。

選挙の洗礼を受けず、身分保障を持つ官僚制をチェックすることは決して容易なことではない。行政府において政治的指導者の指導力を担保するための制度的な工夫も必要である。日本では、一九九三年に久しぶりの政権交代が起こり、政治指導者の時間的有限性がほとんどの国民と政治家に初めて認識された。それを契機に、行政府における政治主導への関心が高まったことは、決して偶然ではない。

しかし、伝統的な権力分立原理は、そうした指導力の確保に対して抑止的に機能しうる。政治的指導力を確保するための代表的な方法は、行政府における政治任用を増やし、政治家自身あるいは政治家を補佐する外部の人材を行政府に配置することである。しかし、一九九〇年代の日本で実際にそのような制度改革が議論された時に、議会に席を持つ政治家が行政府に大量に入り込むことは権力分立原則に反するという反論が、官僚の側から行われた[13]。つまり、権力分立というドグマは官僚制の中では、行政権を主として構成するのは職業的行政官であり、これを外部から攪乱することは権力分立を侵害するという自己保身的な論理として定着していたのである。

現代の行政国家における民主主義の実践的課題の一つに、官僚制の統制があることは言うまでもない。民意によって官僚制を動かしていくためには、一八―一九世紀に形成された古典的な権力分立論を、現代の行政国家に適合するように組み換えることが不可欠である。すでに紹介したように、伝統的な憲法学がこの課題に十分答えていないことは明らかである。言わば、権力分立原理を脱自由主義的に解釈、運用することが求められているのである。脱自由主義とは、権力の暴走から人権を守ることが不必要になったという意味ではない。むしろ、官僚制の活動が国民生活に重大な影響を与える現代においては、その必要性は高まっている。であるがゆえに、権力分立を、立法権は国会議員へ、行政権は職業的行政官へというように固定的に捉えるべきではない。行政活動の実態に照らして、国民の意思によって行政権力を統制するための制度を開発する必要がある。国民を代表する選出勢力が行政府の中に入り、日常的、実質的に官僚制の活動を指揮、統率することによって、国民の権利も擁護されるのである。

権力分立原理のこうした組み換えは、議院内閣制の歴史的沿革に照らしても是認できるはずである。I章で紹介したとおり、芦部自身がアメリカとヨーロッパの民主的統治機構の形成過程を対比して、次のように述べている。アメリカは、圧政的なイギリス議会の制定法と人権を侵害した州の法律に対する抗争を通じて形成されたので、立法権不信の思想が強い。その結果、三権は憲法の下で対等、同格と考えられた。これに対して、ヨーロッパ大陸諸国では、圧政的な支配者であった君主と君主に従属して権力を振るった裁判所に対する抗争を通じて近代立憲主義国家に生まれ変わったので、三権は同格ではなく、立法権が中心的地位にあると考えられた。日本の場合、市民革命を経ることはなかったが、戦後憲法体制の構築によって天皇大権の立憲君主制に対抗して国民主権の統治機構を樹立することが目指された。その意味では、歴史的文脈はヨーロッパに近い。純粋な権力分立論の枠組みを採用して、立法権と行政権を対等、横並びの関係として捉える理由は乏しいのである。

たとえば、解散権の行使を行政権と立法権の間の抑制均衡の作用として捉える伝統的な権力分立論の理解は、現実政治に照らして大きな齟齬を生む。衆議院を解散すれば、議員たる首相も議席をいったん失い、選挙の洗礼を浴びる。理論的には解散権を行使した首相が落選し、そもそも首相たる資格を失うこともありうる。また、与党が選挙で勝利する保証もない。総選挙直後の特別国会の冒頭では、内閣は総辞職しなければならず、その意味でも内閣の継続は保証されていない。したがって、解散権行使の本質は、行政権と立法権の間の抑制均衡ではなく、議員と合わせて内閣の主人たる総理大臣が一度自らを更迭し、国民に次の行政権の担い手を選ぶ機会を提供するという点に存すると解釈しなければならない。解散権を抑制均衡の手段と捉えるのは、君主制において行政権の保持者が常に一定であった時代の名残である。

国民内閣制論をめぐる論争と民主政治観の変化

一九九〇年代以降、政治改革や行政改革をめぐる議論が盛んになったが、こうした潮流は憲法学にも当然大きな影響を与えた。そして、議院内閣制をめぐる憲法学の議論が大きな展開を遂げたことは、注目に値する。その中でも特に重要なのは、高橋和之が提起した「国民内閣制論」であった。

a　国民内閣制論の意味

i　権力分立論の現代的意味

まず、高橋による一連の論考を紹介しながら、国民内閣制論の意味についてまとめておきたい。高橋は、民主政治と議会制の関連について考察することから議論を始めている。宮沢俊義に代表される伝統的な憲法学においては、議会制の民主化が日本の民主主義の達成にとっての最も重要な課題であった。確かに、天皇主権の明治憲法体制のもとで発展し、戦後派民主主義を擁護するという任務を負った憲法学にとって、権威制と対比されたところの議会制を擁護することは重要な課題であった。しかし、そうした伝統的な憲法学においては、議会を民主化すれば日本の政治体制全体が民主化されるという楽観的な前提があったことを高橋は指摘する。宮沢憲法学における民主政治のイメージは、議会が決定し行政府がこれを実行するというもの、行政学における「政治—行政分断論」であった。そして、議会と行政の関係については括弧に入れたままで議会制が論じられてきた。しかし、今日の行政国家においては、そうしたモデルによって議会政治の民主化を説くことに大きな意味はない。議会制民主主義自体は政治体制における当然の前提であり、むしろ高度な民主主義を実現するためには議会と行政の関係に憲法学も関心を向けるべきだというのが、高橋の問題関心であった(14)。

次に、高橋はモンテスキューにさかのぼって権力分立の意義を考察する。モンテスキューの権力分立論の課題は、①正しい法律の制定を保障するには立法権をどのように組織することが必要か、②法律の忠実な執行を確保するためには諸権力をどのように組織するのがよいかという二つに区別する必要がある。伝統的な三権分立は、②の関心に応える枠組みである。この観点からモンテスキューが説いたのは、立法、執行、裁判の三作用の区別と、その二、あるいは三作用が同一の機関に独占されることの禁止であった。ただし、三つの作用をいかなる機関がどのように分担すべきかについては、モンテスキューによっては論じられていない。

むしろモンテスキューの関心は、①の点にあった。正しい法律を制定するためには立法府が特定勢力によって壟断され、後の言葉で言う多数の専制に陥ってはならない。そのために、モンテスキューは立法府において貴族制的要素を体現する上院と民主制的要素を体現する下院が並立し、立法府の中における抑制均衡を実現することの必要性を説いた。さらにこうした上下両院と君主の間に抑制均衡が働くことによって、正しい法の制定が確保されるというのが、モンテスキューの権力分立論の核心であった。したがって、権力分立を単に立法、司法、行政の三権の分離と捉えることは、モンテスキューの意図を的確に捉えたことにはならない(15)。

そして、高橋は権力分立の現代的意味について次のように述べる。①の課題を現代の民主制に置き換えて考えるなら、社会の多様性を議会、立法活動に反映させることが必要となる。そのためには、たとえば両院制における二つの議会の役割分担や選出方法の差異化という発想が一つのアプローチとなる。また、権力の集中を時系列上で防止すること、即ち議会の任期を限定し、時々政権交代を起こすことによって特定の勢力が立法権力を壟断することを防ぐというアプローチもあり得る。

①の観点にとっては、立法（政治学的にいえば政策形成）において社会諸勢力間の均衡が実現すればよいのであって、立法権と行政権を実体として区別することが権力分立論の本来の趣旨ではないということになる。実質的に政策形成に大きな影響力を持つ専門的官僚制（テクノクラート）は、社会諸勢力の一つではあるが、これが本来の職分を超えて大きな勢力をふるうことのないように注意することが、重要な課題となる(16)。

また、②の観点にとっては、議院内閣制において立法作用と執行作用を区別できるのか、区別することに意味があるのかという問題が浮上する。この点について、高橋は権力活動の予測可能性を担保するために、立法によって行政権力を拘束することには依然として大きな意義があると主張する[17]。

①と②の二つの観点から想定される権力の役割分担、抑制均衡の関係は、一致する必要がないと高橋は指摘する。これを政治学的に敷衍すれば、民主制において多様な相互作用によって政策形成を実現するための代表制、議会制、官僚制のあり方に関する制度構想と、法律による行政という理念のもとで官僚制の活動を統制する制度構想とは別の形で議論すべきということになろう。高橋による権力分立概念の整理は、現代民主政治における議院内閣制を考える上で、きわめて示唆的である。

ii　国民内閣制の概念

こうした概念整理の上に、高橋は国民内閣制という概念を樹立する。議院内閣制における立法と行政の関係を考える前提として、高橋はまず、国家権力の中の立法権と行政権の関係について、二つの思考系列があることを指摘する。第一は、立憲君主制下の思考様式をそのまま国民主権の下に移しかえるものである。かつての立憲君主制の時代、議会による立法によって制約を受けたものの、君主は法律の執行のみならず、法律の存在しない領域における法制定とその執行をも含む広範な行政権力を有していた。行政は法律の執行という受動的な機能ではなく、国政運営上の必要な措置という広い意味を含んでいた。先に紹介した「控除説」は、まさにこうした行政観を説明する論理であった。これを国民主権の下に移しかえるとどうなるか。もちろん、国民主権体制における議会の権能は拡大するが、立法は一般的、抽象的規範の定立という作用として定義される。そして、行政はそうした抽象的な規範の枠内で具体的に統治を行うという作用として定義される。第一の行政観においては、行政は法律の執行という受動的な作用ではなく、一般的な統治作用という積極的な意味を持つ。高橋は、第一の行政観において、立法と行政が分離され、行政権力の活動に対して、行政作用に関する個別具体の法律ではなく、憲法により概括的に根拠づけられている点に着目して、分離型、憲法授権型の行政権の定義と述べている。

第二の思考系列は、行政を立法（法律）の執行として理解するものである。この図式においては、行政は常に立法を前提としている。ただし、高橋の考える第二の図式は、かつての行政学におけるような単純な「政治（立法）―行政分断論」ではないように思える。ここでいう行政には積極的な政策形成、規範の創造という作用も含まれている。しかし、それらはあくまで憲法を頂点とする上位の法規範の執行という意味を持つ。(18) 上位規範から下位規範へと向かう法の実現過程における上位規範の執行が行政活動である。ここでは、立法と行政は完全に上下関係に置かれ、行政の内容は法律による授権としてのみ成立している。高橋は第二のタイプを、行政活動は法律によってすべて根拠づけられるという意味で法律授権型、上位規範から下位規範に至る法の具体化という意味で下降型と呼んでいる。(19)このタイプの定義では、控除説は明確に否定されている。

従来の憲法学の通説では、行政権について控除説によって定義され、それとの関連で憲法四一条の

「国権の最高機関」という文言は「政治的美称」と説明されてきた。これに対して、高橋は次のような論理で通説を批判している。民主主義の成立以前から、法律は最高位の制定法を意味していた。歴史的には、その制定権を持っていたのは君主であり、民主主義の拡大の中で選出勢力がそれを奪い取っていった。民主主義の要請によって、国民の代表機関である議会が最高位の規範を制定する権力を獲得したのであり、日本国憲法四一条の「唯一の立法機関」もそうした論理を採用したことの現れである。この論理を取るならば、国会の制定法の埒外において行政権が独自の規範形成を行う余地は存在しないことになる。控除説的な理解に立つならば、国会に法律という規範形式を制定する権限を認めつつも、法律の範囲外に行政権自身による規範定立を認めるという憲法理解が可能であった。しかし、こうした理解は法の支配と民主主義の歴史的成立過程を無視したものだと高橋は言うのである。

法の支配と民主主義に関する歴史的文脈を重視する理解に立つならば、憲法六五条にいう行政権は法律を執行することと解釈するほかはない。憲法七三条六号において内閣は政令を制定する権能を与えられているが、これは法律の存在を前提としない独立的な規範制定の権力を意味するものと考えることはできない。なぜならば、法律を執行するために必要な命令の制定権は、行政の概念自体に内包されており、行政が法律の執行である以上、法律の存在が前提とされているからである。かくして、立法権と行政権の間には、法律が存在して行政活動が成立するという意味での先後関係、上位規範としての法律を行政活動によって具現化するという意味での上下関係が存在する。(20)

民主主義と国民主権を中核とする日本国憲法においても、控除説的な権力分立解釈が通説であったことは、木に竹を接ぐような違和感を、少なくとも政治学者には与えてきた。本来、政治体制の民主化という共通の課題を追求するはずの憲法学において、行政権の自立性を正統化するような憲法解釈が根強く存在したことは、結果として行政権を担う官僚制に大きな権力を付与することにつながった。その点で、行政権力を民主的に統制するという関心にとって、高橋の通説批判は重要な意義を持っている。

さらに、高橋は議院内閣制の民主主義的運用に関して、画期的な提言を行っている。彼は、民主政治にとって政権交代が不可欠であるという前提から議論を始める。戦後の憲法学と統治機構のあり方に関する議論において、「戦後の憲法学は、日本国憲法が採用した統治機構の説明において、それを政権交代の重要性を認識しうるようなものとして提示するのに成功してこなかった[21]」と総括している。そして、「戦後憲法学は、それが提供してきた議院（内閣）制について不適切なイメージが国民がこの制度を理解し運用するに際しての枠組みとなったかぎりにおいて、政権交代の不存在、真の民主性《(ママ)》の不存在に対して一半の責任を負っていると言わざるをえない[22]」と述べている。

すでに見てきたように、戦後日本の憲法学においては議院内閣制を権力分立の視角から捉える議論が有力であった。しかし、権力分立は君主が実質的権力を持っていた時代の二元型議院内閣制に適合的な枠組みであったが、議会の優位が確立した現代民主主義にそのまま当てはめるのには無理がある。それでも権力分立の枠組みを当てはめるのは、論者自身が権力分立を肯定的に評価し、権力融合を否定的に評価するという前提を持っているからである。ただし、議院内閣制の歴史的発展段階によって、権力分立の実践的意味は異なってくる。この点について高橋は次のように述べている。

絶対君主制に対して権力分立を主張することは、自由の要求であり、（中略）民主主義の要求であ（った）。しかし、二元型議院制に対して（厳格な）権力分立を主張するときには、衰退しつつある君主の権力を守ろうとする意図がこめられており、保守的意味をもつ。権力分立原理が議院制の一元化する傾向に対抗して主張されるときには、その反民主的、保守的機能は一層明瞭である。なぜなら、一元化を生み出したのは民主主義の進展であったからである。[23]

そして、むしろ民主政治の観点から一元的議院内閣制のあり方を考察する必要を説く。議会が立法や政策決定を行い、政府がそれを執行するという古典的な権力分立の図式によるならば、議会に民意を反映させれば自動的に政府にも反映されるという発想になる。しかし、実際に国政を動かしているのは議会ではなく政府である。したがって、議会だけではなく政府に民意を反映させることが必要となる。政府と議会を切り離し、それぞれについて民意の反映の仕方を考えるのではなく、最初から議会と政府の一定の関係を通じて行われる全体としての国政の中に、民意をいかにして反映させるかという問題構成が必要だと高橋は主張する。[24]

現実の議会制民主主義を観察すれば、議会に多様な民意を反映させることが必ずしも政府に民意を反映させることに直結しないことも多い。議会で安定的な多数派が形成されず、国民のあずかり知らぬところで政治家や政党同士の協議によって政権や政策が決定されることもある。また、政党が具体的な政権構想を示さぬまま多数を確保し、実際の政権運営については民意から乖離するという現象も起こりうる。フランスの政治学者デュヴェルジェは、代表者がある程度自由な行動を取りながら民主政治を担っていく点を捉えて、こうした民主制のあり方を媒介民主制と呼んでいる。これに対して、リーダーと基本的政策の選択について国民の意思表示を最大限尊重して国政を運営するあり方を直接民主制と呼んでいる。前者は、ドイツの大連立政権や古くはフランスの第四共和制の政治であり、後者の代表例はイギリスのウェストミンスター・モデルといわれる議院内閣制の運用である。デュヴェルジェ自身は、直接民主制の実現が現代民主政治の課題であると主張している[25]。

日本の議院内閣制について、高橋はイギリスと同様の均衡型の一元型議院内閣制と特徴付けている。しかし、日本では直接民主制的な運用は行われていない[26]。その理由として、かつての中選挙区制の下で自民党による一党支配が続いた時代には、衆議院総選挙が誰を総理大臣に就けるか、どのような政策を選ぶかという国民の判断、選択とは無関係に行われてきた。首相は自民党内の権力闘争を通して選ばれ、政策は官僚が準備する。このような日本とイギリスの違いをもたらす要因としては、選挙制度と政党制が挙げられる。中選挙区制においては同一の政党から複数の候補が争うので政党本位の選挙になりにくい。また、一党優位制のもとでは、事実上選択肢が一つしかないため、政策選択についての民意が明確に表明されない。最後に高橋は、直接民主制的な運用を実現するために、野党が現実的な政策体系を示し、政権交代の可能性を開くことの必要性を説いている。立法期（ある選挙から次の選挙までの期間）という概念を導入し、自民党も野党も、次の立法期で誰が政権を取り、何を実現するかについて具体的な構想を示すという政党政治のイメージこそ、直接民主制である。[27] こうした議院内閣制の運用を、高橋は「国民内閣制」と呼んでいる。

iii　国民内閣制論の意義

こうした主張は、政治学における日本政治批判の中ではまさに通説ともいうべきものであって、日本の議院内閣制や政党制の特徴づけについて、違和感なく受け入れられる。高橋の議論の特徴は次のような諸点にあるといえよう。

第一に、国民主権による議院内閣制の運用を妨げてきた古典的な権力分立概念や、それと密接に結びついた行政の概念について憲法学の内側から批判を加え、概念の転換を図っているところに、憲法学説としての新しさがある。とくに、モンテスキュー以来の権力分立概念を検証し、立法と行政を横並びの機能分担と捉えることの問題性を指摘した点は重要である。また、現代の積極国家＝行政国家において行政の概念を控除説的に捉えることが、官僚制による行政に対して民主的なコントロールをむしろ阻害していることも、明らかにした。

第二に、議院内閣制の民主主義的な運用にとって、政党間の政権をめぐる競争が存在し、政権交代の可能性が存在することの重要性を、憲法論の観点から解明したところに大きな意義がある。既に見たように、戦後日本の憲法学においては、静態的な制度論に関する議論は多かったが、現実の議会政治の動態に即して民主主義のあり方を論じるというものは少なかった。これに対して、国民内閣制論は、一元的な議院内閣制のモデルから出発して、国民主権の理念を徹底するための具体的な憲法運用に関する構想を提示した点で、従来の憲法学説を超えるものと評価することができる。

また、高橋が国民内閣制という概念を初めて提起したのは、一九八〇年代後半であり、日本の政治が自民党による一党優位制を疑い始める前であった。この当時は、政治学の世界ではむしろ自民党による長期政権を、民主主義の一つのまっとうなモデルとして位置づける議論がむしろ力を得ていた時期であり、政治学の現状批判能力が大幅に後退し始めた時期であった。[28]その点で、高橋の日本の議会政治に対する批判的な視座と構想力は、高く評価されなければならない。

ただし、イギリス型の議院内閣制（ウェストミンスター・モデル）を一元的で均衡型のモデルと捉えることには、疑問もある。均衡型とは、議会による不信任決議と内閣による解散とが対抗し、議会と内閣の間に均衡が存在するという意味である。イギリス型の議院内閣制において不信任決議が成立することはきわめて例外的な事態であり、内閣優位のもとで均衡は失われたという見解もある。これに対して高橋は、与党が結束すれば不信任決議は困難となるが、内閣の指導部は常に与党内の離反を考慮しなければならず、議会からの不信任決議は内閣を抑制する要因となると述べる。[29]議会からの不信任の可能性があるからこそ、内閣と議会はともに民意に近づく競争をするというのである。

この論点は、戦後日本の内閣の展開の中でも触れた。五五年体制がまだ定着していない時代には、自民党は国会で圧倒的な勢力を持っていても、党の内紛によってしばしば内閣は重要政策の推進について挫折を味わった。高橋はこうした状況を議会による内閣への牽制と捉えているのである。しかし、政党の組織における遠心性による指導者にとっての障害と、議会という制度の内閣に対する牽制力とを同一視することは適当ではない。議会の統制力が政党規律の低下という例外的な条件に依存するとすれば、それは制度としての権力ではない。むしろ、一元的な議院内閣制においては、与党の内部に反主流派の台頭という特殊な状況がなければ議会は内閣に対して有効に牽制、統制を加えることはできないという点を重視すべきである。

こうした疑問はあるにせよ、国民内閣制論は憲法学から、日本の議院内閣制に関する根本的な問題提起を行ったと評価できる。民意に基づいて内閣を動態的に運用すること、そして内閣の権力を有効に発動して国民の選択した政策を実現することに民主政治の要諦を見出し、それを基礎付ける憲法解釈を打ち出したことは、九〇年代の日本の政治制度の改革にも大きな影響を与えたということができる。

b　国民内閣制論に対する批判とその検討

国民内閣制論に対しては、憲法学の中からも多くの反論や疑問が寄せられた。それらの議論を吟味すると、現代の民主政治について憲法と政治学とが共通の関心を持ち、異なった概念によってそれぞれ別個に議論しているという印象がある。それらの反論をある程度集約すると、次のような論点にまとめることができるであろう。

第一は、議会の位置づけをめぐる疑問である。国民内閣制論においては、議会による内閣に対する統制は従来の憲法学説ほど重視されていない。民主主義の実現という問題意識から、古典的な権力分立とは異なる内閣制論を論じてきた憲法学者の中に、議会をより強化、活性化する方向で、議院内閣制を考察する必要があるという意見が強い。

第二は、国民という言葉の意味と、それを政党や議会がどのような意味で代表するかという問題である。デュヴェルジェの言う直接民主制を実現するように一元的な議院内閣制を運用するという仕組みをなぜ「国民」内閣制と呼ぶのか、単なる便宜以上の問題がある。

第三は、内閣を担う政党のイメージおよびそうした政党が構成する政党政治のイメージをめぐる問題である。国民内閣制論においては、ある程度具体的な政権構想を持った二つの大きな政党が政権をめぐって競争することが当然の前提とされている。純粋な二大政党制か、ドイツのような二極的な政党システムかは別として、政権の柱となる二つの大政党が国民に選挙で二者択一を迫るという民主政治のイメージが妥当なものかどうか、当然様々な議論がある。

第四は、国民内閣なるものの権力をどのように民主的に統制するかという問題である。既に紹介したように、高橋は権力に対する批判や抵抗よりも、国民自身で権力を創造し、これを国民の望む方向に行使することを重視している。この点についても、当然反論や疑問が寄せられている。

以下、それぞれの論点についての議論を紹介しながら、国民内閣制の意義と有効性について検討してみたい。

i　議院内閣制における議会

国民内閣制論においては、議会の多数派と行政権の一体性とそれに基づく強い政府が強調される一方、議会の役割は積極的なものとは描かれていない。議会に関しては、主として野党が政権与党の政策を批判し、これを牽制すると同時に、次の選挙に向けて国民に対して政権交代の可能性を開くことが求められている。こうした議会の捉え方は、憲法四一条で謳われた国会中心主義の理念に照らせば、かなり消極的に映る。この点について、本秀紀は、「議会までの民主主義＝媒介民主制」と「行政権までの民主主義＝直接民主制」という対立図式で整理している[30]。

行政国家という現実の前に、民主主義をいかにして実現するか、民意による行政の統制やチェックをいかにして実現するかという問いを突きつけられた憲法学は、議会の強化という一つの対応策を打ち出した。議会までの民主主義とは、議会が多様な国民の意思や要求を的確に反映するとともに、政策立案や行政に関する調査能力を備えることが求められる。このような強力で有能な議会で、議員が政策立案を進め、官僚制に対する追及を行うことによって民主政治を実現するというイメージである。

ここで言う議会は、国民の代表者が知識と良識を発揮して政策形成と官僚制の監督に当たる場であり、その意味で民主政治の中核の舞台である。議員はそれぞれ自由に活動し、議会はそうした議員の総和として能動的な機関となる。また、議員と国民との関係も、リーダーの選任や政策決定において硬直した指示（国民）―服従（議員）の関係ではなく、議員が状況に応じて柔軟に最善を尽くす行動を取り、その結果について国民に責任を負うという関係が想定されている。その意味で、議会中心主義の依拠する民主政治は媒介型民主制である。

しかし、こうした議会中心主義の現状改革論に対しては、現実に対する詰めの甘さを指摘できる。第一は、行政権の成立にかかわる定義、あるいは行政権の正統性に関する議論の欠如である。行政学者にとって最も興味深いのは、国民内閣制論がモンテスキュー以来の権力分立論および行政の定義論について綿密な検証を行ったうえで打ち出されていることである。そのことによって、伝統的な憲法学説における静態的な権力分立や控除説的な行政の定義を乗り越えている。行政権力を民主主義的に統制することの意味内容は、近代民主主義の黎明期と二〇、二一世紀の行政国家とではまったく異なる。特に、現代の専門的官僚制に対して民主的な統制を加えることの困難は近代民主主義の時代と比べて格段に大きい。だからこそ、選出勢力が強大な君主権力を侵食しながら行政権を掌握した過程の制度形成の過程とその論理を、現代民主政治を構想する者も自家薬籠中のものとしなければならないのである。

議会中心主義の主張も、行政国家における官僚制を民主主義的に統制するという規範的な関心を持っていることは疑いない。しかし、行政権の形成をどのように説明し、行政権力の正統性根拠をどのように基礎付けるのかという問いに対しては、明確な答えを与えていないように思える。控除説的な行政概念を引きずって、行政権力を先験的に存在するものと捉え、いわばこれに対して議会が横から統制を加えるというモデルを取るのと、国民の意思の発動によって行政権を構成するという国民内閣制のモデルを取るのとでは、行政権に対する民主的統制の広がり、有効性が異なってくるはずである。議会中心主義の議論では、国民の代表者たる議員が現実的にいかにして官僚制に対して指導力や牽制を発揮するのか、具体的なイメージが十分描かれていない。あるいは、議会と行政権の継ぎ目の部分をどのように構成するかが具体的に構想されていない。

たとえば、先に紹介した本秀紀は、議会中心主義と内閣中心主義という二項対立を止揚して、国会の「最高機関」性に基づいて行政権の民主的な統制のあり方を考えるべきだと述べている。その目指す方向性には漠然とした共感を覚える。しかし、国会が主体になるという場合、国会全体、その中の与党と野党がどのような役割を担うのか、具体的な構想はないようである。実際には、国会の中の与党と野党とは異なった理念・政策や立場を持ち、行政府との関係もまったく異なっている。行政権との関係を考える上で、国会という大枠が単一の主体となれるのかどうか、疑問である。さらに、国会に議席を持ちつつ、内閣に入って行政を指揮監督する内閣の指導部を、行政府の一員と見るのか、国会の一員と見るのかといった問題についても明確な答えを出さなければ、議会による統制についての具体論は展開できないであろう。こうした点で、議会中心主義からの国民内閣制論に対する批判は不十分なものと言わざるをえない。

第二の問題は、政府の統治能力に対する関心の欠如である。行政権力が暴走しないよう監視することは議会の重要な任務であるが、平時には権力が正当、妥当に行使されて公共的目的を達成するように導くことがより重要な任務となる。行政権力と議会の関係を考える際には、統治権力を支える基盤を議会において確保するという視点も不可欠である。議会中心主義の議論にはこの視点が欠落している。議会において安定的な多数派が形成されず、政府の提出する法案や予算の成立のためにその都度議会内の政党や会派の間で複雑な折衝が繰り広げられるという事態は、ある意味で議会の活性化した状態である。しかし、そうした状態が民主政治にとって好ましいとはいえない。統治能力を持たない民主政治システムにおいて、可視性の低い議会内の空間で政党、政治家の交渉と妥協が繰り返されるならば、国民はそうした民主政治に対して不信感を募らせる傾向がある。そこからは反民主的な指導者への願望が生まれたことも歴史の教訓である。国民内閣制論が、強力な統治と民主的な統制の両立という問題設定から出発しているのに対して、議会中心主義の議論には有効で安定的な統治という関心が欠如している。

第三の問題は、代表者の質に関する理想論と現実論の交錯である。憲法学では代表の概念について、国民代表の理念が支持されている。すなわち、議員は特定の選挙区や当該議員の支持者の代表ではなく、全国民を代表して行動すべきということである。議会中心主義が想定する議員のイメージも、こうした国民代表としての議員である。彼らは、特定の利害に拘束されるのではなく、それぞれ自立して公共の利益を思考し、組織のしがらみから自由に行動して、国政を担う。行政権に対する統制もそうした活動の一環である。こうした規範的イメージが、現実政治で実現されるかどうかは別問題である。現代の大衆民主政治においては、議員は当選するために資金や組織的支持を必要としている。彼らは様々なしがらみを背負って政治活動をする。また、政党組織にも拘束される。第二点として指摘した統治の安定という観点からは、党議拘束は必ずしも悪弊ではなく、統治能力にとって必要である。民意による政府の統制のあり方を考えるとき、こうした現実を視野に入れることが必要であるが、議会中心主義は理想論、規範論に偏っている印象がある。媒介民主制における政治家の行動について理想的な水準を現実には確保できないからこそ、何らかの方法で政治家や政党の行動を国民が縛る必要がある。この点について議会中心主義がどう考えるのか、明らかではない。

ii 国民とは誰のことか

第二の問題点は、国民という表象の意味である。国民という言葉をあえて使うとき、その場合の国民は多様な利害や価値観を持ち、分節化された市民ではなく、むしろ集合体として政府を支える国民というイメージがある。高見勝利は、一九三〇年代の政党政治批判の文脈で打ち出された「国民内閣」の議論と対比しながら、高橋の主観的意図とはかかわりなく、国民内閣と「国民内閣制」との連続性、共通性を指摘する。一九三〇年代当時、戦時動員体制の構築に向けて強い主動力を持つ内閣の樹立が求められていた。そうした内閣は、議会に席を持つ政党だけではなく、各界各層の人材を網羅した、その意味での国民内閣であるべきだという主張が叫ばれた。議会を基軸とする政党政治、議会政治と緊張関係に立つという点で、二つの国民内閣は共通すると高見は指摘する[31]。高見は、国民内閣制論が国民の差異よりも統合を重視し、権力の均衡よりも行政権の指導力の強化を志向するところに、危機感を持ってこのような疑問を提示していると思われる。

この点について、高田篤は政治学における政党政治の発達史の議論を援用しながら、国民内閣制の国民概念が現代の民主社会には当てはまらないことを指摘している。高田は、升味準之輔の政党史に関する議論を援用して、民主政治の発展において三つの段階があるという前提から議論を始めている。第一段階は、議会制度の確立と普通選挙制によって近代的な民主政治の仕組みが整備される時代、ヨーロッパでは一九世紀後半である。第二段階は、政党の組織化が進み、主として経済的な利害を土台として階級対立を反映した政党システムが確立する時代、ヨーロッパでは二〇世紀前半である。そして、第三段階は、価値観の多様化、市民の政治的アイデンティティの多様化によって、既成の政党や利益集団の統合力が低下し、単一争点政党（single issue party）など多様な政治集団が政治過程に登場する時代、ヨーロッパでは一九七〇年代以降である。高田の批判は、国民内閣制は第二段階の古典的な二大（二極）政党システムには適合的かもしれないが、利害や価値観の多様化と、それに基づく国民の分節化を無視する点で、今の第三段階の民主政治には適合しないという点に集約できる(32)。

この点は、国民の選択によってどのレベルまでの政策を決定すべきか、議会への政策争点の表出をどのような仕組みを通してどの程度可能にするべきかという代表民主制の基本的な制度設計にかかわる問題である。どのような代表システム、どの程度の国民の自己決定が望ましいかは、その時々の政治的課題とも相関する問題である。分節化した国民を代表する多様な政治家が政策形成をめぐって交渉する媒介民主制は、政策実現に必要な資源が相対的に潤沢で、いわば経済的余裕のある民主政治において特に機能を発揮した。それは、福祉国家に関する大まかな合意が存在し、政策による資源分配がかなり制度化され、政治が微調整の役割を果たせばすんだ時代のシステムであったということもできる。

しかし、一九九〇年代から二一世紀にかけて、かつての媒介型民主制の国も新しい政策課題に直面して苦悶、試行錯誤を続けているのである。一九九〇年代以降、グローバリゼーションの進展によって資本主義経済における競争が激化すると、福祉国家に関する合意は崩れた。そして、世界標準という名の下で、規制緩和、民営化、特に富裕層と企業を対象とした減税などの政策枠組みが、民主主義国に浸透しつつある。こうした圧力に対抗して福祉国家を守ろうとする側も、単なる現状維持ではなく、経済環境に適応しつつ、社会経済的平等を実現するための政策のイノベーションを目指して、試行錯誤を重ねている(33)。いわば、二〇世紀末から二一世紀初めにかけては、資本主義経済のあり方をめぐる先鋭な二極的対立が再び現れているのである。社会経済体制や政策の基本的枠組みのあり方自体が、政治の重要な争点として再浮上しているということもできる。こうしたマクロ的な政治争点を民主政治の中で議論する際には、逆に「国民」という表象が意味を取り戻すということもできる。まさに、国民がどのような社会経済体制を選ぶかが問われている。

さらに、二一世紀初頭の日本においては、第二次世界大戦における敗戦を契機として占領軍によって与えられた民主主義体制をめぐって、ナショナリズムを信奉する政治勢力の側から異議申し立てが行われている。戦後民主主義体制の成立から六〇年、二世代が経過して、改めて戦後体制の正統性をめぐる憲法政治（constitutional politics）が政治争点として浮上しつつある(34)。その意味でも、国民がどのような体制を選ぶかが問われている。

この点は、第三の政党システムをめぐる議論につながるものである。

iii　望ましい政党システム

国民内閣制論は、議会で過半数を制することのできる有力な政党（政党連合）がある程度具体的な政権構想を示して競争するという政党政治のモデルを想定していることから、二大（二極）政党システムを前提としている印象がある。この点も、疑問や批判を招いている。二大政党制と連立政権のどちらが民主政治にとって好ましいかというテーマは、政治学においてはおなじみの問題である。それぞれに長所、短所が存在することは論を俟たない。結局、二つのモデルの対立は民主政治のイメージの相違に由来する。

二大政党モデルは、ある程度均質的な国民を前提として、多数決によって統治を行うことを民主政治の本質的要素と考える発想に適合している。これは、多数支配型民主主義（majoritarian democracy）とも呼ばれる。小選挙区制度は、あえて人為的に多数派を作り出すという機能を持っており、多数支配型民主主義に適合的である。

これに対して、社会の中に宗教、言語、地域などを単位とする集団が存在し、それを基盤に政党が議会に進出しているような国においては、多数支配型民主主義は機能しない。そのような社会的構図に対して多数決原理を単純に適用すれば、恒常的に意思決定から排除される少数者集団が存在することなる。たとえばある少数宗教集団や少数言語集団は、常に多数決では負けることになり、これらの人々の意見や利害は政治過程でまったく省みられないことになる。こうなると、かえって政治社会の統合を脅かすことにつながる。そこで、このような国においては比例代表制が採用され、社会の構成が忠実に議会に反映されるように図られている。そして、代表者同士の交渉と妥協を通して政策が決定され、政策には社会の多様な利害が反映されるようになっている。エリートの妥協によって国政を運営し、多様性に富んだ社会を統合するというのがこの民主政治のモデルである。このモデルは多極共存型民主主義（consociational democracy）と呼ばれる。[35]

たとえば先に紹介した高田篤は、二大政党によって分節化された市民の意識や利害を代表することの限界を説いている。[36] また、高見勝利は、二項対立的な政策論争によって総選挙が戦われるという想定がそもそもイギリス政治史においてもきわめてまれであり、二つの政権プログラムのうちの一つを国民が選択し、これを政府与党が実行するように負託するという政党政治の物語自体が神話であると主張する。さらに、体系的な政策構想を共有し、一体となってその実現に邁進するという政党像も実際にはかなり実態からずれていることを指摘している。そのうえで、高見は政治家や政党が国民から国政運営について信託を受け、政治家・政党が国民の利益を図って行動し、その結果について責任を負うという政党政治のモデル、多極共存型民主政治を支持している。[37]

国民内閣制論における政権プログラムの選択というモデルは、二一世紀に入って日本でも注目されるようになったマニフェスト選挙と親和的である。マニフェストとは、イギリスの総選挙において各党が公表する政権構想の冊子のことである。私自身、一九九〇年代末からマニフェストによる選挙の意義を高く評価し、日本でも採用すべきだと主張した。[38] しかし、同時にイギリス国民がマニフェストを読み、これをもとにして選挙の際の投票行動を決定するというのは神話であるとも述べたことがある。[39] マニフェストにおいては具体性が強調され、数値目標の設定、財源や期限の明記などが不可欠だと日本では議論されている。しかし、選挙における選択は、たとえば家を建てるときの設計書や仕様書を選ぶのとはわけが違うという批判は正当なものである。高見が国民内閣制論における政権プログラムの選択という契機を問題視するのも、こうした政治観に基づいているのであろう。

ただし、一般国民には読まれないとしても、各党がマニフェストを作成、公表することは民主政治の質を確保する上で重要な意味を持っている。マニフェストにおいて数値目標や期限、財源を過度に重視するのは、日本的な誤解であり、それは今までの日本政治における公約なるものがきわめて具体的な利益誘導か、逆に抽象的なレベルでは整合性を欠いた願望の羅列（ウィッシュ・リスト wish list）かのどちらかであったという経験に由来していると思われる。イギリスのマニフェストはそれぞれの政党の持つ価値観を反映した政治的パンフレットであり、単なる仕様書、契約書ではない。そして、マニフェストは政党の統治や政策形成に対する責任感を確保し、これに対する社会からの追及を容易にする道具である。その意義は軽視すべきではない。

また、これに関連して、高見は政権綱領を政党が提示し、国民がこれを選択することによって政府・与党に対して委任（mandate）を与えるという関係についても、これは神話であると批判している[40]。確かに、国民がマニフェストに盛られた個々の政策をすべて理解してこれを支持するなどということはありえない。マニフェストの意義はそもそものような点にあるのではない。新たに政権についた与党、政府が高い優先順位の政策転換、政策革新を実現する上で、それが国民によって支持された、あるいは国民からのマンデートが存在すると主張する根拠として、マニフェストは意味を持つ。政策の転換や制度改革に対して既得権を持つ勢力が抵抗し、転換が具体化しないという事態は、民主主義国には多かれ少なかれ、共通している。そうした手詰まりを解消するために、マニフェストを根拠とするマンデートの存在は有効でありうる。

話を政党政治モデルに戻すならば、結局政策的な対立軸のあり方と政党政治モデルとが密接に結びついているということになる。「合意の政治」を前提とした微調整については、多極共存型政治が有効なモデルとなるであろう。しかし、体制の原理や資源配分のあり方について根本的な理念の対立が存在するような場合、ある程度争点を集約した二項対立の政治が必要とされることもある。これに関連して、イタリアの政治哲学者、ノルベルト・ボッビオは、平等をめぐる対立こそ、常に政治における左右対立の軸となることを指摘している[41]。この指摘は、グローバル化が進み、経済的自由と分配の平等とが鋭い緊張関係に立つ二一世紀初頭の先進国に特に当てはまる。

政党政治モデルについて多数支配型、多極共存型の優劣を理論的に論じても意味はない。一方が他方に優越するという普遍的な命題を導き出すことは不可能である。むしろ、その時々の政治課題との関連で政党システムを考えていくべきであり、その点では現状では多数支配型の政党政治が求められているということもできる。もちろん、実際にどのような政策主張を持った勢力が多数を支配するのかという問題と、現実の政策課題との間にはずれが生じうる。不平等の拡大によって被害を受ける市民が不平等を拡大する政策を推進する新自由主義的政党を支持するという逆説は常に起こりうる。[42] ただし、それは政党、政治家などの政治的主体の問題であって、内閣制度や議会制度の問題ではない。新自由主義的な政策にせよ、福祉国家の再生にせよ、政策の転換を進めるには強力な内閣による政策立案と議会の多数派による支持が必要となるのである。ある時代の政策体系の転換、改革が喫緊の課題となっているときに、それに答えうる議会、内閣のシステムを構築するという国民内閣制論の問題設定自体は妥当なものというべきである。

ⅳ 強力な内閣の行方

国民内閣制論に対する一連の批判に通底するのは、強力な内閣を創設した時に、その内閣をどのように民主的にコントロールするかという懸念である。行政学の関心から見れば、国民内閣制論は立法権と行政権の融合を前提としたウェストミンスター・モデルを意味していると解釈できる。このような議院内閣制の運用に対して、権力分立を重視する立場から懸念が出されるのは当然である。一部の憲法学者には、九〇年代の様々な改革の思想的潮流を経済面の新自由主義路線（小さな政府）への転換と安全保障面での軍事大国路線として捉え、内閣機能の強化をそうした政策転換を推進するための権力核の形成として批判的に捉えるという見解もある。先に紹介した本秀紀は別の論文で次のように述べている。

九〇年代行革の特徴を、国家行政を「大国化」のための特定領域（防衛、外交等）に「純化」するものととらえると、九〇年代に入っての「内閣機能の強化」論の本格的展開の意味が見えてこよう。すなわち、一方で、（とりわけ軍事的な）大国化をすすめるためには、権限の集中とトップダウン型行政が適合的であり、他方で、「純化」のプロセスにあって、リストラの対象となる省庁の官僚（および閣僚）や族議員らの「抵抗」をおさえるためにも、内閣とりわけ首相への権限集中が肝要となるからである。(43)

一九九八年の時点で、数年後に起こる小泉政権における政治の展開を予見していたのは卓見というべきであろう。権力を集中された首相が解散権を振るい、「抵抗勢力」を駆逐して大胆な政策転換を実現したメカニズム自体は、本が危惧していた通りであった。実体的政策に対する評価を論じるならば、私自身も本のような議論に共感できないこともない。しかし、内閣制度の運用という制度的（小文字の constitutional）な問題と、実体的な価値判断の問題を融合させている点に、この種の批判論の問題点があると考える。内閣の運用に関わる制度や慣習は、どのような党派、どのような価値観を持った政治家に対しても共通の前提となる。あえて挑発的な反問をするならば、軍事大国化を止める、小さな政府路線を止めて福祉国家の再建を目指すなど、現在の自民党政権に対抗する価値観を具体化するためにも、多くの大規模な立法が必要であり、そのためには様々な反対や抵抗を乗り越え、シンクタンクとしての官僚制を使いこなす強いリーダーシップが必要となる。政権党がそのような政策を提起した場合、官僚機構、特に暴力装置たる自衛隊や防衛省の抵抗は激しいものとなるであろう。また、財界をはじめ関連する組織、団体の抵抗も大きいに違いない。その時に、議会の側が行政権力を牽制するだけでは、そうした革新勢力にとって望ましい政策を実現できるわけはない。革新派、左派にとって望ましい社会を作り出すためには、やはり内閣に権力核を形成して、大規模な立法を推進することが不可欠となるのである。

内閣機能の強化は、軍事大国化や新自由主義のためだけに必要なのではない。長年の官僚支配や圧力政治の中で様々な政策が既得権と化し、これを見直すことができないという現代民主政治の病理に対して必要な改革を行うためには、強いリーダーシップとそれを支える管制塔が必要となる。地方分権や社会保障の立て直しなどのテーマについてもこれは当てはまる。実際、イギリスの例を見ればそのことは明らかである。権力融合型の議院内閣制は、サッチャー政権において小さな政府に向けた政策転換を促進したが、ブレア政権においては地方分権や福祉国家の再生を促進した。議院内閣制における権力核の形成が自動的に暴政をもたらすわけではない。もっとも、イラク戦争開戦については、行政権の暴走が裏目に出た例であろうが。

この問題を突き詰めれば、権力に対する見方の対立に至る。権力は常に悪をなし得るので、これを厳重に監視しなければならないと考えるならば、チェックや抑制を基調とした制度を構想する必要がある。これに対して、公共的な問題について解決策を実行し、平和や福祉を実現するために権力を活用すべきだと考えるならば、立憲主義や民主主義の原理を尊重しながらも、民意を反映した政策を立案、決定、実行できるような統治機構を構想する必要がある。現代の行政国家においてはとりわけ内閣がそのような統治機構の中でも権力核となるべきなのである。また、こうした内閣を牽制する仕組みについては、議会の調査権能の強化、特に内閣をチェックする主体となる野党に対する支援という観点から制度を構想すべきである。すなわち、内閣を弱体のままに置くのではなく、強い内閣に対抗し、バランスをとれるような強い議会を構築するという発想が必要である。

権力を常に敵対すべき潜在悪と考える姿勢は、本格的な意味での政権交代を経験しなかった戦後日本政治の経験に由来するのであろう。自民党一党支配の中で永遠の少数派に甘んじてきた左派、革新派がそのような権力観を持つこともやむを得ないのかもしれない。しかし、自らは野党、少数派であることを自明の前提として統治機構を構想することは、統治機構に関する議論をゆがめることにつながる。むしろ、自らが政権を獲得した場合にどのような政策を、いかにして実現するかという想定で制度を構想することも必要となるのである。一九九三年の非自民連立政権の誕生を契機に、官僚機構から自立した、政治的リーダーの基盤としての内閣に対する関心が高まったことは、決して偶然ではない。

立法、行政が結合した権力の融合体に対する最大の歯止めとしては、この政府の権力を定期的に失効させ、その継続か停止かを国民に判断させることが、最も有効である。その意味で、議院内閣制ににおいては政権交代の可能性が常に開かれていることが、制度の健全な運用にとって不可欠であることを政治学のみならず、憲法学の側からも訴えていくことが必要である。実定的な制度の中に効果的な行政権力を抑制する仕組みを組み込むことは困難であり、政権を担いうる複数の政治主体が存在し、周期的に交代したという歴史的経験、およびその蓄積による国制運用の慣習によって、権力融合の危険性が防止されてきたことを憲法学も重視すべきである。政権交代は憲法上の制度的な規定ではなく、その時々の民意の発露の結果という事実的な現象である。しかし、こうした経験を蓄積することで国制運用の慣習を確立することが議院内閣制を健全に機能させるということを、国民に理解させることが必要である。このような認識が国民的に共有されなければ国民内閣制論も完結しないということができる。

行政権力の抑制については、司法統制も重要な意味を持っている。特に、日本のように違憲審査権が憲法上明記されている国においてはそのことは当てはまる。しかし、最高裁判所長官や判事の指名権を内閣が持っている以上、裁判所が政治の影響を受けることは避けがたい。政権交代が長期間起こらない状態が続くならば、裁判所も政府、与党に配慮し、権力分立の理念に沿った牽制機能を発揮することは難しくなる。このことは、戦後日本の経験が示すとおりである。司法による抑制作用を健全に働かせるためにも、政権交代は必要なのである。

4 政治学、行政学と内閣論

松下圭一の問題提起

今まで、憲法学における内閣論の展開を詳しく検討したが、次に政治学における内閣論を振り返っておきたい。このテーマについて早くから重要な問題提起をしてきたのは、松下圭一であった。松下は、一九七七年、ロッキード事件で政界が大きく動揺していた時に、「国会イメージの転換を」[44]という論文を発表し、構造汚職を引き起こした政治制度や政治主体の問題を明らかにするとともに、国民主権を実質化するための国会・内閣の制度運用について新たな提言を行った。当時、首相の収賄という未曾有の事件が勃発したが、国会は真相究明に十分な効果をあげることはできなかった。国政調査権を発動しようとしても、検察をはじめとする行政機関から統治行為、守秘義務といった概念を盾に情報提供を拒絶された。この点で、国会が持っているはずの「国権の最高機関」という権威の内実が改めて問われることとなった。また、一九七六年一二月の総選挙において自民党は大敗し、初めて単独過半数を失った（追加公認などで特別国会召集までには過半数を回復したが）。ここにおいて、五五年体制発足以後、初めて政権交代の現実的可能性が見え始めた。そして、自民党一党支配を自明の前提とした国会運営のルールも変更を必要とされる状況が生まれた。こうした衝撃を受けて、松下は政治転換のための新たな憲法論を構想するのである。

松下は、憲法学における統治機構という概念から批判を加える。この概念は実体としての国家権力

図Ⅲ-2　国民主権型議院内閣制モデル

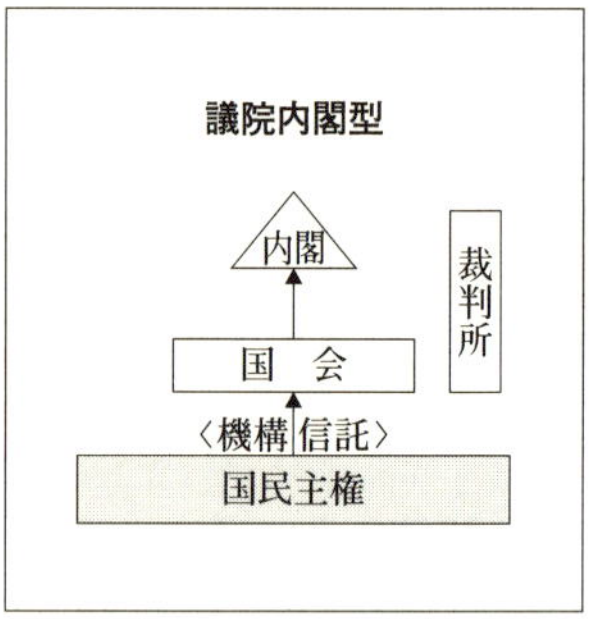

が先験的に存在するという前提に立っており、統治機構という言葉を使うとき、政府は国家統治のための機構に過ぎないという上からの支配の発想を知らず知らずのうちに取り込んでいると批判する。戦後憲法学においては、新憲法の国民主権の理念が尊重されている。しかし、国家権力の捉え方については、国民主権が国家主権に置き換えられている。国民主権を国家主権に置き換えるとは、擬人化された国家の存在を想定し、そこにすべての権力をいったん集中させるという意味と解することができる。そして、その国家主権が立法、司法、行政の三つに分割されるという理論構成がとられているために、結局一九世紀のドイツ国法学以来の古典的な権力分立論が継承され、控除説的な行政の定義も国民主権の新憲法の下で維持されることになったと松下は解説する。[45]

ジョン・ロックの研究者でもある松下は、権力信託の枠組みによって議院内閣制を再構成しようとする。主権者としての国民は国家レベルにおいては国会に権力を信託する。国会は全国民を代表する機関であるがゆえに、信託の受け手となりうる。そして、国民からの信託を受ける代表機関であるがゆえに、国会は国権の最高機関となる。松下は、国会に関する二つの概念について、立法機関を機能規定、最高機関を性格規定と整理している。国会について両者は次元の異なる規定なのである。しかし、憲法学は二つの概念のレベルの違いを理解せず、性格規定を権力分立の枠組みの中に取り込んだため[46]、政治的美称説という形で性格規定を三権分立と矛盾しない形に収める結果となった。

そして、松下は国民主権に基づいて〈議院内閣型権力分立論〉を展開する必要があると主張する。これを図式化すると、［図Ⅲ-2］のようになる。

そこでは、主権を持つ国民が代表機関たる議会を選出し、その国会が内閣の首班を指名するという経路によって権力が構成される。議会は、①情報公開、②争点提起、③政治調査、④政府監督、⑤政策の立案、審議、決定という五つの機能を持ち、政府を様々な手段を通して統制、監督する。この権力分立の枠組みにおいては、国会と内閣の間には明確な上下の統制―服従の関係が存在する[47]。また、司法権の機能について、国民―議会―内閣のそれぞれの間に存在する政治的緊張の過程において基本的人権の保障や適法手続きの確立にあると述べている。違憲立法審査権についても、最高機関たる国会の立法の可謬性をめぐって、機構分立による抑制を意図するものであるから、国会の最高機関性を否定するものとはならないと主張している[48]。

さらに、権力分立の現代的な形として、Ⅰ政治的決定、Ⅱ行政、Ⅲ政治責任という三段階の過程分立という概念を提示する。政治的決定とは法律や予算を作成、決定する作業、行政とはそれらを実施する作業、政治責任とは決定や実施の結果についての責任を問う作業である。現代の議会政治においては、Ⅰは議会と内閣の共同作業によって行われる。実際には内閣が官僚制を使って予算や法律の原案を作成し、議会でそれを審議し、最後は多数決で議決する。Ⅱは与党の政治家のうち行政府の役職についたものが官僚制を指揮、監督しながら実行する。Ⅲは国会が調査権や質問権を行使することによって、裁判所が行政訴訟などを審理し、場合によっては違憲立法審査権を行使することによって具体化する。政治の営みを立法、行政、司法という三つに分断して、それぞれを別の機関が分担するという静態的な権力分立ではなく、政治の営みをフローあるいはサイクルとして捉え、三つの局面に分けることで、責任主体とこれに対する統制のあり方を考えるというのが、松下の過程分立の発想だと理解することができるであろう。行政を担うのは内閣であるが、これはあくまで議会の多数派に基礎をおく政治家集団であり、松下はこの政治性を捉えて「議会の中の内閣」と表現する。また、政党という主体に注目するならば、Ⅰは与党と野党の対抗的共同作業によって、Ⅱは与党によって、Ⅲは野党によって担われる(49)。

このような形で議院内閣制のイメージを転換することを提唱したのであるが、もちろん現状は理想には程遠い状態であった。その問題点を、松下は、1．機関分担型権力分立論に基づく官僚による国会軽視、2．機関分担型権力分立論に基づく国政調査権の空転の二つに要約している(50)。

1は、官僚が行政府を国会と並列の関係として捉え、国会からの指揮監督を受け付けないという傲慢な意識を持っている点を指す。本来内閣の補助機構に過ぎないはずの官僚が、国会の統制を受けない固有の領域としての行政活動を担うことによって、内閣という政治的決定機構を軽侮する傾向があることに松下は憤っている。もちろん、こうした病理は政党自身の力量の欠如によってもたらされたものである。歴代の自民党内閣は頻繁に改造を行って、内閣の政治的権威をむしろ低めてきた。また、閣僚は国会の外に出て、官僚組織に依拠しながら任務を遂行してきた。内閣が政治的意思の源泉として指導力を発揮することはなかったのである。

2は、国会の持つ国政調査権について憲法学の通説は立法のための補助権限と位置づけている点に関連する。そのような理解に立つならば、直接立法に結びつかない政治責任の追及や不正の糾明などについては国政調査権を使えないことになってしまう。実際、ロッキード事件の際にも守秘義務などの理由を盾に、国政調査権の限界を画そうとした。この点について松下は、国政調査権は議会が政治決定、政治責任の両次元において本来持つべき権限であると主張し、憲法学の通説を批判している。

このように松下は早くも七〇年代後半に、議院内閣制の日本的運用に対する批判を展開していた。しかし、その後一九八〇年代にはこうした議論が深まることはなかった。ようやく一九九〇年代中ごろになって、政権交代の経験、官僚不祥事や政策の失敗（松下の言う「行政の劣化」）の続出によって、行政権力に対する政治的な統制の必要性が広く認識されるようになった。その文脈で内閣の在り方についても議論が盛んになった。

松下は、この時期に「官僚内閣制」から「国会内閣制」への転換を再び提唱する。[51] 官僚内閣のからくりについて、松下は次のように説明している。

内閣は、（中略）母体たる国会からきりはなされて、内閣・省庁一体の行政権とみなされ、立法権のみと考えられる国会と向きあっていきます。（中略）首相ないし閣僚は省庁のトッピングとなって、戦前の宮中席次では官僚の課長級とみなされていた国会議員よりもエライはずだと思いこみ、国会の「外」にでてしまうわけです。[52]

官僚内閣制とは、行政権の主体であるはずの内閣が弱体で官僚機構を統率できないという問題だけを意味するのではない。政治的リーダーが官僚の視座を自らに内面化し、議会を自分にとっての外部、あるいは障害物と捉えてしまうことを意味している。歴代首相などの回想録や日記などには、国会を「のりきる」ことだけに関心が注がれ、国会の中における討論から争点を明らかにして、政策・制度改革を推進するという態度が見られないと松下は述べている。[53] まさに官僚内閣の体制だからこそ、政策の転換は進まず、腐敗や政策の失敗に対する責任追及も十分に行われないという帰結がもたらされる。

これに対して、松下は国会内閣制という理念を提示している。基本的には以前に提起された国民からの信託に基づく国会中心主義の発想であるが、特に内閣が与党の指導的国会議員の結集体として政治性を持ち、官僚機構を統率することが強調されている。また、そうしたリーダーシップを支えるための具体的な制度整備、行政における政治任用の拡大、国会における調査能力の拡充などがあわせて提案されている。

松下の「国会内閣制」と先に紹介した高橋和之の「国民内閣制」とはかなり似通っているように思える。両者はともに伝統的な権力分立や控除説による行政の定義を否定し、国民主権に基づく行政権力の基礎付けを行っている。また、内閣に与党の指導者集団としての実力と政治的権威を期待している点も同じである。ただし、国民内閣制は、国民の意思―国会の多数派―内閣の直接的なつながりを重視し、国民の多数意思による行政権力の運用を民主主義的議院内閣制の本質と捉えるのに対して、国会内閣制は国会における多様な政策発議、討論、調査活動を重視し、国会を単なる多数決の場とは考えない点で、両者の国会の位置づけが異なっているように思える。国民内閣制が、もっぱら選挙を通した国民の概括的、抽象的な信託に基づいて多数党が政権を構成し、国民に対する約束を実現する点を民主政治の中心と捉えているのに対して、国会内閣制はそのような信託を前提の一部としつつも、多様な政治参加の可能性を重視し、同時に国会の中における与野党の議論や調査活動によって、公約を実現するにとどまらず、より創造的な議会の機能を期待しているということもできる。その意味で、国会内閣制は純然たるウェストミンスター・モデルとは異なっているように思える。いずれにしても、松下圭一の問題提起は九〇年代の内閣制度改革に対しても大きな影響を与えたということができるであろう。特に、民主党による内閣、国会の制度改革の提案に対して、具体的な構想と理論的な根拠を与えた。

行政学からの批判と提言

次に紹介したいのは、行政学者、西尾勝による議院内閣制に関する概念の組み替えである。西尾は行政の概念について独自の再定義を打ち出し、それとの関連で議院内閣制のあるべき運用を構想している。

西尾はまず、従来の憲法学が、国民内閣制論を含めて、議会と内閣の関係に関心を集中させていて、任命職の行政官から構成されている官僚制に対する統制の問題をほとんど完全に無視していると厳しく批判する。そして、特に日本のように立憲君主制からただちに現代民主制に移行し議会中心の立法国家段階を一度も体験したことのない国々では、権力分立の枠組みにおける議会と内閣の均衡、対抗は、事実上は選出勢力と非選出勢力の均衡、対抗に陥る傾向があると指摘する。(54)

西尾のこの主張を補足的に説明するならば、次のように言うことができよう。日本のような後発民主主義国では、立憲君主制の段階で議会の優位による行政権の掌握という経験をできなかった。官僚制が君主に直属する点に強い正統性を求め、議会勢力と対抗した歴史的文脈の中で、行政国家現象が進めば、官僚制は一層強い権力を持つ。政治制度が現代民主制に移行し、議会勢力が強い正統性を持っても、ただちに官僚勢力を掌握して政権を運営する力量をもてない。そうすると、行政府の担い手は実際には官僚勢力ということになり、政治的指導者集団としての内閣は形骸化しやすい。権力分立の枠組みを機械的に当てはめて、議会と内閣の均衡、対抗関係を論じれば、政党勢力と官僚勢力の対抗という帰結に至ることになる。この点に関して西尾は、議院内閣制は選出勢力が非選出勢力に優位し、前者が後者を従属させるための制度であることを強調している。

行政国家における官僚制を選出勢力が統制するという問題意識から、西尾は従来の憲法学における制度理解や行政の定義の限界を指摘する。西尾によれば、行政学は権力分立の変容と現代公務員制度の確立を出発点としており、官僚制という非憲法機関の発達による憲法構造の変容こそを考察の出発点としていた。

こうした問題関心にとっては、次の三つの問題が考察の中心的課題となる。第一に、現代の議院内閣制は議会を国権の最高機関とする政党内閣制として捉えられる。第二に、議院内閣制は議会および内閣・与党が官僚制を統制する制度として捉えられる。したがって、内閣と資格任用制による官僚制を一括して行政府と呼ぶ用語法は不適当なものとなる。第三に、立法機能と行政機能の関係については、法律案、予算案の立案・提案と議会におけるその審議・議決との関係が重要となる[55]。西尾のこのような問題関心は、最高機関性を実質化しようとする松下圭一の国会内閣制と同じものである。

特に重要な指摘は、三権分立の枠組みを当てはめて行政府を一枚岩の機構として見るのではなく、行政府の中の政治的要素と行政的要素の分化を認識する必要があるという指摘である。同じく行政府と言っても、その指導機関となる内閣は、議会多数勢力の指導者集団であり、国民から選ばれた点に正統性根拠を持っている。これに対して、資格任用制によって構成される官僚制は専門的能力に正統性根拠を持っている。そして、両者の間には内閣が指揮監督し、官僚制は服従するという絶対の関係が存在する。従来の横並び型の三権分立型の理解では、行政府を実質的に担う官僚制が権力分立の美名の影で、政治的な統制や牽制を回避することを許してきた。そこで、行政府を一体と見るのではなく、その中に政治と行政の分化を確認し、官僚制に対する政治的統制を実質化することが必要となるのである。西尾が、行政の定義について、立法—行政—司法の三権分立による定義ではなく、政治—行政という定義を重視するのはこのような理由による。

そして、I章でも紹介したように、政治と行政の間に統制、分離、協働の三つの関係があるべきだと西尾は主張する。[56] 統制とは、政治指導者層が官僚制を指揮、監督し、政策を実現させるという関係である。分離とは、行政の中立性を確保し、日常的な業務に対して政治が干渉しないという関係である。協働とは、それぞれの強みを異にする政治と官僚が政策立案、実現のために協力するという関係である。この三つの関係は予定調和的に共存するわけではない。統制や協働という実際には相矛盾しかねない関係を整合させるためには、政治と行政の間の境界面での継ぎ目の仕組みが重要となる。

内閣制度の骨格をもつヨーロッパ諸国の例を見ると、大まかに言って二つのタイプがある。一つは、与党の政治家を大量に行政府の役職に就け、官僚制に対する政治的指導を貫徹するものであり、これはイギリスが採用している。もう一つは、一定レベル以上の行政のポストについては資格任用を排除し、職業的行政官の中から政権党への政治的忠誠に応じて政治任用によって充足するという方式である。これは、ドイツやフランスで行われている。この場合、政権交代が起これば幹部職員の更迭、新任が行われることとなる。西尾は今後の日本の内閣制度運用のあり方として、職業的行政官の党派化という状況はあまりに劇的な変化であり、イギリス型の政治家の任用の拡大が望ましいという見通しを示している。[57]

以上に紹介した西尾の問題提起は、その直後に行われた内閣制度や政官関係に関する制度改革を先取りしたものと評価することができる。松下にせよ、西尾にせよ、官僚支配に対抗して民主主義を実質化するという問題意識を持ってきた。そうした観点からは、従来の憲法構造自体が官僚に対して大きな権力と、政治的批判や統制に対抗する防護壁を提供してきたことが目立ったのである。だからこそ、政治学の側から憲法学説の古臭さを批判し、現代民主制にふさわしい運用を求める提案を行うこととなった。憲法学からも政治学からも、内閣制度の運用を改める提案が行われ、政治的イニシアティブを発揮させる制度改革の必要性については、九〇年代以降は、大きな国民的合意ができたということができよう。問題は、さらに進んで、政治主導なるものをどのように肉付け、具体化するかという点に移ることとなる。

Ⅳ章 政治変動の中で内閣はどのように変容したか

1　一九九〇年代の改革と統治機構の再検討

自民党政治の動揺と内閣

前章で述べた内閣改革論の展開と並行して、一九九〇年代以降、日本の内閣制度やその運用がどのように変化してきたかを、この章では解明したい。一九九〇年代は改革の十年とも呼ばれ、政治、行政の多くの制度が改革された。ここまで述べてきた内閣制度も改革の大きなテーマであった。まず、一連の政治、行政の制度改革の経緯とねらいについて、振り返っておこう。

一九八〇年代の中頃は、中曾根康弘のもとで自民党は久しぶりの長期安定政権を謳歌した。この内閣の強い指導力のもとで、三公社の民営化を中心とする行政改革が進められた。ただし、この改革についても、内閣自身が政策立案の主体となるのではなく、従来の官僚機構や自民党の抵抗を乗り越えるために、第二次臨時行政調査会という大きな権威を持った審議機関が創設され、改革の主役となった。第二次臨調の改革論議の中で、内閣の総合調整機能の強化というテーマも検討が行われた。

一九八二年七月に提出された第三次答申（基本答申）では、次のように提言されている。行政の整合性、体系性を保つために内閣および内閣総理大臣の指導性の強化と、そのための補佐・助言機能の充実が必要である。そして、補佐機構充実の具体策として、官房副長官および総理大臣秘書官についてその定数を固定化している現行制度を改め、弾力化すると共に、広く人材を求められるように処遇についても弾力化を進めることを提案している。また、複数省庁にまたがる政策課題について迅速な処理を図るため、無任所大臣を置くこと、関係閣僚会議を活用することなどがあげられている。

そして、一九八六年には内閣官房が再編成され、内政審議室、外政審議室、安全保障室、内閣参事官室、内閣広報室の五室がおかれ、それぞれ局長級の官僚が室長に当てられることになった。これらの室は、それぞれの政策テーマに関して首相のリーダーシップを直接サポートすることが期待されていたのである。また、危機管理や安全保障問題への迅速な対応に関して、かつての国防会議事務局を再編した安全保障室が首相を補佐する役割を与えられていた。

中曾根行革による内閣官房の再編成については、タカ派の中曾根による国家主義的政策転換を支える指令本部となるという危惧もあった。たとえば、新藤宗幸は、それらの補佐機関を「首相の官僚制」と呼んで、内閣統治がきわめて集権的なものに変わると予言していた(1)。自民党が長年の利益配分政治を積み重ねる中で、党組織自体に族議員という名の各種の利益代表が盤踞する形になり、政権党として、あるいは国家として有効な意思決定ができない状態に陥っているというのが新藤の現状診断であった。他方、当時は国際経済摩擦の激化など、国内の利害調整とは異質の課題が先鋭化しており、与党をも超越した強い権力核が必要とされるようになった。こうした認識は、第二次臨調の答申などにも鮮明に現れていた。こうした、超越的で強い政府を支えるための手足として、「首相の官僚制」が創設されたというわけである。新藤は、そうした権力中枢が、民意のコントロールを離れて暴走することを憂慮していた。しかし、実際にはそれは杞憂に終わったと言うべきであろう。

制度改革はこれにとどまり、内閣制度自体に改革が及んだわけではないし、内閣の体質が変わったわけでもない。中曾根政権時代は、閣僚の任用も従来どおりで、人心一新のための改造が周期的に行われ、派閥から推薦を受けた「適齢期」、すなわち当選五、六回の議員が入閣した。第二次臨調の行政改革は、補助金、公共事業、許認可をめぐる政官の地下茎ネットワークの活動を脅かすものではなかった。自民党政務調査会の部会を単位とした政策調整のメカニズムも健在であった。田中角栄は病気により政界から退いたが、これに代わった竹下登の派閥は自民党最大派閥として大きな影響力を持っており、中曾根政権の運営をも支えた。中曾根は、「大統領型首相」を夢見ていたが、決して内閣制度の運用自体に手をつけたわけではなかった。

そして、中曾根政権の終わりとともに、自民党政治は流動化を始めた。一九八七年に竹下登が政権に就いて、二重権力構造は一応解消された。最大派閥のリーダーが首相に就任し、自民党における権力の所在はわかりやすくなった。しかし、竹下は従来の派閥政治のルートを忠実に歩んで頂点に上り詰めた政治家であり、独自の識見や政策的な野望を持たなかった。竹下にとっては、権力はそれ自体が目的であったのであり、竹下政権は大きなアジェンダを設定することはできなかった。「ふるさと創生」というスローガンのもと、全国の三〇〇〇あまりの市町村に一律に一億円ずつの資金を配るという、旧態依然たるばらまき政治が息を吹き返した。八〇年代中頃は、日本経済がバブル期に入ろうとした時期であり、中曾根行革の時代よりも政策形成に関する緊張感は低下した。権力基盤が安定した竹下政権においては、中曾根のような国家改造という問題意識は消滅し、内閣が統治の主体として政策を作り出すという構図が生まれることはなかった。

しかし、一九八〇年代末、リクルート事件が発覚し、政界は大混乱した。竹下政権は責任を取って退陣し、以後再び自民党では短命な政権が相次いで生まれることとなった。また、八九年七月の参議院選挙では、当時の社会党が大勝し、自民党は過半数を失った。政治腐敗に対する世論の厳しい批判の中で、選挙制度を中心として根本的な政治制度の改革が必要であるという声が高まった。政府は第八次選挙制度審議会を発足させ、中選挙区制度に代わる新たな制度の検討を開始した。他方、内閣に関して、宇野宗佑、海部俊樹と、弱小派閥の政治家を最大派閥竹下派が支えるという二重権力構造が復活した。

一九九一年秋、海部政権の時代に審議会は小選挙区比例代表並立制という改革案を答申し、海部首相は公職選挙法改正に着手した。しかし、当時の自民党議員の大半は選挙制度改革に反対で、特に最大派閥竹下派が海部政権を倒すことによって、選挙制度改革を封じ込めた。海部首相が政治改革法案の推進を求め、自民党がこれに反対するなら解散も辞さずという「重大な決意」発言をすると、竹下派を中心とする与党は海部に猛反発し、逆に海部は与党の支持を失って退陣に追い込まれたのである。このように、首相が自民党最大派閥の操り人形であるというイメージが、きわめて生々しく国民に見せ付けられた。さらに、後継首相を決める過程においては、竹下派が圧倒的な影響力を持っており、他派の首相候補を竹下派事務所で「面接」するという出来事もあった。

次の宮沢喜一内閣の時代には、佐川急便事件が勃発し、自民党は再び政治と金をめぐるスキャンダルで大揺れとなった。竹下派の事実上の指導者であった金丸信自民党副総裁は政治資金規正法違反の責任を取って副総裁、議員を辞職し、後に脱税で逮捕された。竹下派は分裂し、小沢一郎を実質的なリーダーとする羽田派は政治改革の推進を強く主張した。そして、宮沢首相も選挙制度改革を進める姿勢を明らかにし、九三年六月には選挙制度改革法案の取り扱いをめぐって、自民党は分裂し、野党が提出した内閣不信任案は可決された。与党内の派閥対立の激化、さらには分裂という事態によって、久しぶりに国会と内閣の関係が大きく緊張したのである。不信任案可決の後、解散、総選挙を経て、非自民連立政権の誕生という展開となった。こうした劇的な政治の動きの中で、政治、行政の根本的な制度改革に対する世論の関心が高まり、旧来の政党にも新党勢力の中にも、改革を推進する意欲が高まった。

政権交代の経験と内閣統治の変化――細川政権の画期的な意義

一九九四年、当時の細川護熙政権の下で衆議院議員選挙を中選挙区制から小選挙区比例代表並立制に改める政治改革関連法が成立した。これにより、政治の環境は激変することとなったが、選挙制度の変化が内閣制度の運用に与えた影響が顕在化するまでには数年の時間が必要であった。

この時期の改革論で注目されるのは、内閣制度の運用について政治家自身が積極的な提言をしていることであった。そうした関心の背後には、大胆で迅速な政策転換に対する強い意欲が存在したと見ることができる。五五年体制の安定期が終わり、政界再編や政権交代が現実の可能性を帯びるようになったことも、政治家自身の構想力を刺激したであろう。変革期という時代認識を持ち、政策転換への意欲が高まれば高まるほど、従来の内閣制度の中で政治家が官僚機構に搦め取られていたことを、何人かの指導的な政治家は自覚するようになった。

まず、注目されるのが、細川護熙の構想である。細川は熊本県知事を二期八年務め、参議院議員を経て九三年に衆議院議員に初当選し、そのまま非自民連立政権の首相となった。細川は、首班指名を受けた直後の九三年八月一〇日に、自らの政権で実行すべき改革課題として、次のような手書きのメモを作成した。(2)

一九九三・八・一〇

臨時行政改革本部を設置

内閣に総理を長とする本部を設け、一年間で次の改革案を立案決定

①総理の権限強化　内閣法§6、7、14
②予算編成権の内閣移管　内閣法　財政法
③中央省庁の再編成　国家行政組織法
④公務員の中立性確保　国家公務員法§2等
⑤規制の縮小緩和　行政手続法　情報公開法
⑥権限・財源の地方移管　地方自治法　地方財政法
⑦市町村の規模・能力の拡充　地方自治法
⑧府県連合・道州制の推進　地方自治法

改革課題の第一が、総理の権限強化であり、従来ほとんど顧みられることのなかった内閣法の改正が提起されたことは注目に値する。細川は知事を務め、中央省庁とも様々な場面で対立してきただけに、トップダウンで政策決定システムを変革したいという野望を持っていたのであろう。細川政権は短命に終わったが、後の制度改革構想を逸速く提起していたことは興味深い。

次に紹介するのは、小沢一郎の唱えた政治主導のための制度改革である。小沢は、一九九三年五月に公刊された著書『日本改造計画』において、内閣制度を改めて、各省庁に副大臣、政務審議官という新しい役職を設け、政治任用の大幅増加を提言した。従来、象徴的、儀礼的存在であった大臣、政

務次官を実質的なリーダーとするために、政官関係を変革することを狙ったのである。[3] 小沢は、自民党幹事長の時代から、論理の筋道に沿って果敢に物事を進めることを信条としてきた。五五年体制において定着していたいわゆる国対政治を排し、野党とも表舞台での交渉を重んじた。その結果、豪腕とか強引といったイメージが付きまとった。

これは、民主政治に対するイメージの相違から派生した問題であった。戦後日本の民主政治についての世論では、権力の暴走や独裁を恐れるあまり、権力の集中を警戒する議論が有力であった。これに対して小沢は異なった民主政治のイメージを持っていた。すなわち、国民に選ばれた多数派が、自らが国民に約束した政策を強力に推進し、その結果が悪ければ次の選挙で国民に更迭されるというのが、小沢の描く民主政治のモデルである。これは、政治学の言葉を使えば、ウェストミンスター・モデルの内閣制度の運用であり、多数支配型のデモクラシーということになる。彼にとっては、党内に様々な利害や主義主張が雑居して、てきぱきとした意思決定を妨げる自民党の体質こそが克服すべき弊害であった。こうした自民党の体質は官僚機構の割拠主義の反映であり、内閣自体を集権化、一元化することが政党政治を変える根本的な改革だという位置づけが存在した。政治主導で政策を実現するためには、内閣制度を改めることが必要だというのが小沢の主張であった。

このように、有力な政治家が内閣制度の改革を提起したことによって、議論は現実味を帯びてきた。それは、橋本政権時代に中央省庁再編成と内閣制度改革として結実するのであるが、そのような改革の内容を解説する前に、なぜ九〇年代に政治家自身も内閣制度の運用に関心を持つにいたったのか、その理由や背景を説明しておきたい。

内閣における政治の発見

a　行政の劣化と内閣の無力

九〇年代には、五五年体制の時代にはなかった新しい問題が次々と起こった。第一は、官僚の無謬性神話が崩壊し、犯罪と失敗が次々と露呈されたことである。言うまでもなく、官僚支配は、官僚の権威を前提としていた。官僚の下す決定、作り出す政策は間違いがないというのが、無謬性神話であった。それ以前の内閣において、政治の側がもっぱら要求を出すという受動的な役割を演じられたのも、官僚の能力を政治家が信頼していたからであった。

しかし、バブル崩壊以後政策の失敗が目立つようになった。不良債権処理の遅れ、干拓やダムに象徴される無駄な公共事業、薬害エイズ事件など、政策の失敗は人命の犠牲と予算の無駄をもたらした。日本の官僚は、撤退戦が不得意である。この点は、無謬性神話と関連している。そもそも政策は常に正しいのであるから、途中で中止したり、断念したりする必要はない。最後まで当初の計画を実現することが、行政の筋道である。その結果、政策の失敗が明らかになっても、これを直視し、なるべく早い段階で善後策を講じるという意思決定が、日本の官僚にはできないのである。誤りを認め、謝罪や補償をするという意思決定を官僚ができないならば、政治的指導者が権力を用いて官僚にそのような作業をさせることが必要となる。薬害エイズ事件の責任追及において当時の菅直人厚生大臣が大きな賞賛を得たのも、逆に言えばそれ以前の大臣は官僚の不祥事や失敗を追及したことはなかったことの現れであった。

九〇年代中頃には、失敗や腐敗を隠蔽する官僚に対して、バッシングの嵐が吹き荒れた。政治家にとっては、こうした官僚機構に対して、制度上の指揮監督者として、実効的な統制と制裁を加えないことには、国民の支持を失うという状況に追い込まれた。

もう一つの大きな問題は、バブル崩壊、グローバリゼーションの進展、少子高齢化という新しい社会経済環境に対応して、従来の政策を転換することが急務となったことであった。バブル崩壊後、九〇年代を通して毎年のように景気対策が実行された。補正予算による景気対策だけでも、累計すれば一三〇兆円以上の資金が投入された。しかし、目覚しい景気刺激効果があったわけではない。二一世紀に入ってもその要否をめぐって議論が続いている整備新幹線をすべて完成するためには一〇兆円程度、高速道路網を完成させるためには二〇兆円程度の資金が必要であることを考えれば、一三〇兆円という景気対策費がどれだけ大きいものか理解できるであろう。日本の政府においては、たとえば資源を集中的に投下して新幹線や高速道路網を作るというような大規模な意思決定ができないという欠陥を、景気対策の失敗は如実に物語っている。そして、大規模な意思決定ができないということは、省庁の分業を越えた全体的意思決定を行う主体が不在であったことを意味している。そのような主体があるとすれば内閣に他ならなかったはずであるが、内閣が空虚な中心であったがゆえに、意思決定の主体とはなり得なかった。

たとえば景気対策の形成過程を見ると、予算規模の膨張を嫌う大蔵省は当初予算では経済成長率と税収を高めに見積もった予算を編成する。しかし、年度途中で景気回復が進まないという認識が広まり、秋の臨時国会、場合によっては翌年初めの通常国会冒頭に向けて補正予算が編成される。景気対策の総額は内閣と与党の最高幹部によって最終的には決められるが、具体的な配分は官僚が行う。補正予算分も従来のシェアに沿って配分され、道路、河川、農業土木などに分解されていく。年度途中の予算執行は日程的に窮屈であり、補正予算は金を使うことが自己目的になりやすい。補正予算で浮かび上がるのは当初予算で見送られた「筋の悪い」事業も多く、巨額の投資を行ったわりに、効果が上がらないという結果になる。いくつかの意味での官僚支配に対して政治は無力であり、むしろそれを助長さえした。マクロ的な政策形成については、大蔵官僚による近視眼的な意味での、見せ掛けの健全財政主義に縛られ、内閣は、年度を通した長期的、一体的な財政運営を行うことはできなかった。また、ミクロ的な分配については、内閣は各省庁、さらには局を単位とした政策形成主体の個別的行動を広い視野からコントロールすることはできなかった。むしろ、族議員はこうした政策形成の過程に参加して、個別省庁の羅列的な政策形成を支援した。

九〇年代がいわゆる「失われた十年」になったことの原因として、経済環境の変化にもかかわらず、経済政策のパラダイムを日本の官僚制が変えることができなかったことがあげられる。建設業に金を回すという従来型の公共事業ではなく、人口構成の変化や経済構造の変化に対応して公共投資の中身を替えることが必要だったことは、当時から多くの論者が指摘してきた点である。しかし、予定調和型の政策形成の仕組みは変わっておらず、景気対策の資金を従来の縄張りのままに配分し、効果の薄い公共投資が継続されてきた。また、全国画一の政策ではなく、地方の個性を発揮させ、また政策における需要と供給のミスマッチを是正するために、地方分権が急務となった。予算配分のシェアの変更にせよ、地方分権にせよ、官僚組織の既得権を奪うような改革が政策の効果を上げるためには不可欠だったのである。この点も、官僚の自発的な対応はありえないのであり、政治の側からの指導力の発揮が必要であった。

b　政権交代の教訓と政治家の関心の変化

政治主導への関心を高めたもう一つの要因は、政権交代の経験であった。九三年の政権交代は、自民党の側にも、非自民の側にも、内閣を掌握し、政策を推進することについて新たな関心を喚起する重要な契機となった。

まず、自民党の政治家にとって、初めての野党経験は、自分たちが政策形成についていかに官僚に依存してきたかを思い知る契機となった。五五年体制の中で、自民党の政治家にとって政治とは、自らの支持者、地元の要求を官僚に伝え、予算をもぎ取るという作業を意味していた。野党になると、官僚との関係も希薄になり、利益誘導はできなくなった。野党として国会で質問をせよといわれても、どのようにして政府を追及するのか、茫然自失の状態であった(4)。それまで、自明の同盟者であった官僚との関係が切れ、政治家自身で政策論議をしなければならないという状況に置かれたことは、自民党の政治家にも政官関係について考えさせる動機となった。一度野党に転落したが故に、次に政権を取った時には政府の指揮者として、以前に増して官僚制を使いこなし、政策を推進するという意欲を自民党の一部の政治家は持つに至った。

ここで一つエピソードを紹介しておこう。私は村山富市政権において、村山首相を囲む学者アドバイザリーグループの一員となった。自社さ連立政権の中で社会党らしさをいかにして発揮するかという問題意識のもとで、首相の相談相手を務めた。ある時村山は、筆者にこう言った。

「日本の官僚は優秀じゃのう。社会党のわしが総理になったら、ちゃんとそれらしいことを書いてきよる」。

所信表明、施政方針の演説の原稿を書くのは、官邸につめる首相秘書官や内閣官房のスタッフの仕事であるが、彼らは大蔵、外務など各省のエリート官僚である。まさに、優秀な官僚が、社会党委員長たる首相の施政方針について、人権や環境などのキーワードをちりばめて、格好が付くような演説を書いていた。こうした実態にふれるに付け、多くの政治家が官僚依存の内閣の運営のおかしさに気づくようになったのである。

他方、自民党以外の政治家にとっても、与党経験は政官関係や内閣制度の運用に対する関心を高めるきっかけとなった。かつての野党の政治家であれ、自民党を離党した政治家であれ、彼らは旧来の政治システムに対する批判を持ち、変革の意欲を持って政権交代を起こした。官僚機構それ自体も、改革の重要な対象であった。したがって、政官関係は最初から緊張したものとなった。連立政権という事情もあり、与党基盤が安定していなかったため、細川政権では改革の成果を上げるまでには至らなかった[5]。また、村山政権では自民党が最大与党であったため、根本的な制度改革は実現しなかった。政権交代による大きな変革を目指した政治家にとって、二つの連立政権は欲求不満を残す形となった。それ故にこそ、将来本格的な政権交代が起こった時には、内閣が主導して政策を推進する体制を整備する必要があるという認識が、とくに九〇年代の新党ブームに乗って政界に入った若い世代の政治家に広がった。

政権交代を契機に、いわば役所の常識に染まっていない政治家が内閣に入り、それ以前の内閣制度の運用に対する疑問を社会に対して訴え、改革の必要性についての認識を共有させた功労者としては、菅直人（第一次橋本政権における厚生大臣）がいる。彼は大臣としての経験をまとめて著書を出し、日本における政権交代や内閣の実態についての貴重な資料となっている[6]。

まず、菅は厚生大臣の辞令をもらったときに、厚生省の官房長から「おめでとうございます」と挨拶されたことに大きな違和感を覚えたと記している[7]。官僚としては普段どおりの儀礼であろうが、この挨拶自体がそれまでの大臣と官僚の関係を物語っている。大臣は官僚の上司である。命令、監督を受ける側が、命令、監督をする側に対しておめでとうと言うのは、いかにも驕った挨拶である。それ以前の常識では、大臣は数ヶ月から一年余り、その役所の最高責任者となるお客さんであり、官僚にとっては具体的な指揮、命令を受ける支配者ではなく、官僚の側が様々な面で配慮して大過なく大臣職を全うできるよう助けるべき相手ということになる。こうした関係がまず挨拶に現れているのであろう。

次に菅が戸惑ったのは、大臣就任直後の最初の記者会見である。日本の慣習では、大臣が天皇の認証を得たら、その直後に最初の記者会見が行われる。そこで、大臣は抱負を語り、それぞれの分野でどのような政策を推進したいかを述べる。しかし、首相官邸から呼び込みがあるまでどの大臣に就任するかは分らない。その後の短い時間で、最初の記者会見でのスピーチを自分で準備することは困難である。まして、それまでなじみのない政策分野であれば、なおさらである。実際には、大臣官房の担当者が記者会見用の原稿を用意するのが通例である。しかし、就任直後の記者会見の時点から、大臣は官僚に取り込まれることとなる。最初の記者会見で語った言葉はその後の大臣の執務を拘束する。官僚としては行政の継続性を確保できるよう、当たり障りのないことを記者会見用原稿に盛り込むのである。菅の場合は、一衆議院議員の時代から薬害エイズ事件に関心を持っており、国会で質問をしたり、被害者団体と接触したりして、独自の視角と情報を持っていた。そこで、記者会見でも自分の言葉で語り、薬害エイズ事件の被害者が国を相手に起こした損害賠償訴訟についても、「事実関係をもう一度きちんと調査させたい。事実関係が明らかになれば、おのずから責任問題がはっきりしてくると思う」と述べた(8)。

実際の仕事が始まると、まず官僚が大臣レク（レクチャー）と称する説明を行う。これは、各局、課で行政の現状、懸案がどのようになっているかを説明する作業である。菅は、大臣一人に官僚が三〇名くらいいて、次々と説明が浴びせられたと回想している(9)。このレクという作業も、政策の継続性や官僚の優位を反映したものである。大臣が本当にその省の指導者であるならば、官僚の側が大臣に対して何をしたいのかを質問するのが本来の関係であるはずである。実際には、まさに大臣は官僚機構の大海に浮かぶ椰子の実であり、一人で様々な問題に対処しなければならない。この点からも、政策の転換や行政の失敗の追及について政治的な指導力を発揮することは困難である。大臣を支える政治的スタッフは各省レベルにはほとんど存在しなかった。唯一の例外は政務秘書官であり、当時大臣と並んで官庁に席を持つ国会議員であった政務次官とは、大臣在任中ほとんど没交渉であったと菅は述べている(10)。

このような困難な状況において、菅は大臣としての指揮監督権を行使して、薬害エイズ事件に関する資料の調査を命じ、ファイルを発見することができた。菅が真相究明に強く固執し、省内の資料調査を求めても、官僚は最初、消極的であった。菅が文書によって具体的に調査の内容を指示し、ようやく調査チームができた。菅が情報開示を進めようとしたとき、官僚は「大臣だけには教える」と言って、社会全体に対する秘密主義を維持しようとした。官僚にとって、自らの失敗や不祥事について真相究明や責任追及を懸命に行う大臣というのはまったく初めての存在であった(11)。こうした実態が明るみに出たことは、政権交代がもたらした大きな成果である。

c　内閣の政治化という変化

政官関係や内閣制度の運用に対する関心の高まりは、内閣における政治の発見と呼ぶこともできる。

従来の内閣は、行政府の最高機関として位置づけられてきた。すでに述べたように、内閣からは政治的要素は極力排除され、首相や閣僚として内閣に入った政治家も、政治的色彩を薄めてきた。たとえば、首相は自民党の総裁としての立場に基づいて権力をふるうことは珍しく、国会で証人喚問や政治倫理問題で与野党対立が紛糾しても、国会の問題は国会に任せるとして、関与しないという発言をしばしば行っていた。この発言に現れているように、権力分立原理における立法府と行政府の分離という発想が戦後の民主政治においても継承されており、内閣の構成員たる首相や閣僚は、政党における意思決定や運営を兼務することはなかった。このような制度運用においては、国会が政治的要素を体現し、内閣はもっぱら行政の要素を体現していた。この点は、前章で紹介した松下圭一の言う官僚内閣制の特徴である。

そして、政治と行政の接触は、国会における議員による政府への批判や追及と、自民党と官僚機構の間に存在した地下茎ネットワークを通した根回しや注文取りという二つの形態を取った。前者の国会の表舞台における接触は、主として野党と行政府の二者によって行われる。与党議員も質問はするが、基本的には政府を擁護する議論であり、緊張感は存在しない。野党からの質問は、官僚の緊張感を作り出すが、批判や攻撃が主であって、具体的な政策を作り出すという帰結には至らないのが普通である。その点は、野党が少数であることに由来する宿命的な限界である。地下茎ネットワークを通した調整の場合、政策の現状を前提とした上で、その実施や運用における具体的な要求の伝達や、政策の修正についての合意形成が主たる課題となる。根本的な制度改革や政策転換が政治の側から提起されるということはなかった。

以上をまとめれば、野党の国会質問も、与党からの地下茎ネットワークを通した入力も、大規模な制度改革や政策転換を進めるには無力であった。そのような作業を実行するためには、官僚組織に対して制度上の支配権力を持つ内閣が政治化し、新たな政策課題を提示し、官僚組織の活動を督励することが必要であるということが、政権交代や連立政治の状況の中でようやく理解され始めたのである。内閣が政治化するならば、政治と行政の接触面は、国会と官僚機構、自民党本部と官僚組織の間ではなく、政治家が構成する内閣と官僚機構という内閣の中に発生することになる。こうして、九〇年代後半から内閣の運用や政策の内容は大きく変化を始めた。

内閣の政治化の必要性は、この時代の政策課題の質の変化によっても要請された。薬害エイズ事件の例を見るまでもなく、この時期、失敗や不祥事に対する責任追及や、地方分権や規制緩和などの政策転換が大きな課題となり、世論の支持もあった。しかし、こうしたテーマは官僚制自身が自発的に取り組むものではない。だからこそ、政治的指導者たる大臣や、その合議体である内閣が実質的な力を発揮することが必要不可欠となったのである。そのような意味での指導力の発揮に適した制度の構想が急がれたのも、当然の展開であった。

2　橋本行革と内閣制度改革

制度改革のねらいと効果

a　橋本行革の概要

一九九六年九月、橋本龍太郎首相は衆議院を解散し、一〇月に小選挙区比例代表並立制における最初の総選挙が行われた。この選挙では、自民党と新進党が政権をかけて争うという構図が現れた。政権交代の可能性を含んで、二大政党が激突するという選挙は、戦後初めてであった。それだけに、橋本首相も国民の支持を獲得するために魅力的な政策を打ち出そうとした。また、自民、社会、さきがけの三党連立による橋本政権は、消費税率の引き上げを決定した村山政権を引き継いでおり、増税を国民に受け入れてもらうという大きな課題を背負っていた。また、この年は薬害エイズ事件について厚生省が責任を認めて和解するという事件、住宅金融専門会社（住専）の不良債権処理のために六八五〇億円の公的資金を投入したことなど不良債権処理による国民負担が始まるという出来事があり、官僚の失敗や犯罪が世論の厳しい非難を浴びていた。こうした状況であるが故に、行政改革が総選挙の最大の争点となった。

そして、自民党は総選挙で第一党となり、橋本は政権を維持した。第二次橋本政権では、選挙公約を受けて、行政改革が最重要課題とされた。橋本は、九六年一一月に、自らが議長を務める行政改革会議を発足させ、省庁再編成、内閣機能の強化を柱とする行政改革の構想をこの会議で議論した。この会議は、翌九七年一二月に最終報告を提出し、この報告はほぼそのまま中央省庁等改革基本法となって九八年六月に法制化された。さらに、この法律に基づいて、九九年七月に中央省庁等改革関連一七法案が成立して、二〇〇一年一月から新しい行政体制がスタートした。

b 内閣制度とスタッフの整備

内閣の総合調整機能の強化と首相のリーダーシップの確立は、行政改革会議の最重要テーマの一つであった。具体的には、内閣法の改正により、内閣における総理大臣のリーダーシップの強化が図られた。新しい内閣法四条二項では、「閣議は、内閣総理大臣がこれを主宰する。この場合において、内閣総理大臣は、内閣の重要政策に関する基本的な方針その他の案件を発議することができる」と規定されている。ここで言う「内閣の重要政策に関する基本的な方針」とは、内閣の公式見解によれば、対外政策および安全保障政策の基本方針、行政および財政運営の基本方針、経済全般の運営および予算編成の基本方針、行政機関の組織および人事の基本方針などが考えられる。

それ以前の内閣制度においても、首相は大臣を自由に任免できる権力を持っていたため、内閣における首相のリーダーシップの発揮は、可能であった。しかし、内閣制度の運用においては、内閣は実質的な政策論議の場ではなく、形式的な意思決定の場であった。そこで、制度的に首相のリーダーシップを明記するために、この改正が行われた。

また、行政改革会議の論議では、閣議の全員一致を意味する内閣法六条の「閣議にかけて決定した方針に基づいて」内閣総理大臣が行政各部を監督するという規定についても、疑問の声が上がっていた。閣議における全会一致原則の制度のもとでは、各論反対が容易であり、機動的な意思決定ができないという批判が出ていたのである。この点については、結局、制度改革は行われなかった。憲法学において、内閣は国会に対して連帯して責任を負うという議院内閣制の原理から、閣議の全会一致は直接導かれる原則と考えられており、閣議の多数決制の導入は見送られた。この点については、首相が発議権を行使することによって、内閣の議論を実質的に主導することが期待された。

また、内閣における総合調整や首相のリーダーシップを支えるためのスタッフ機構の強化も、橋本行革の重要な成果であった。具体的には、内閣官房副長官の増員、内閣総理大臣補佐官の定数増、内閣官房副長官補、内閣広報官、内閣情報官の新設、内閣総理大臣秘書官の定数の弾力化が打ち出された。また、従来の総理府に代えて、内閣府が設置され、ここに経済財政諮問会議、総合科学技術会議、男女共同参画会議、中央防災会議の四つの諮問機関が置かれた。そして、特命を受けた国務大臣がそれらの会議を担当し、それらの分野の政策の調整、推進を行うこととなった。橋本行革の中では、審議会の削減も進められた。それ以前には全部で二一一あった審議会のうちで「基本政策を審議する審議会」が一七六あったが、それが二九にまで削減された。審議会が大括り化された中で、内閣府に従来よりも大きな権威を持つ審議会が設置された。政府の説明では、これらの会議は「重要政策会議」と呼ばれている。[12] 内閣および内閣総理大臣を助ける「知恵の場」としての機能を十分に果たせるよう、内閣総理大臣または内閣官房長官を議長とし、関係大臣と有識者から構成される点に、従来の諮問機関とは異なった特徴がある。これらの会議には、経済界や学界から委員が登用されており、内閣中枢における政策調整や政策論議に、職業的行政官以外の要素、即ち非官僚勢力を取り入れるという方針が反映されているということができる。

c　内閣をめぐる憲法解釈の転換

具体的な組織、制度の改革も大規模なものであったが、日本の内閣の歴史の中での最大の変化は、議院内閣制に関する憲法理解を橋本首相が転換したことであった。従来の憲法理解は、すでに紹介したように、形式的な三権分立原理のもとで、立法府と行政府を横並びに置くというとらえ方であった。国家権力を三つに分け、立法機能を選挙された国会議員が、司法機能を、専門資格を持った裁判官が、残りの国家作用を行政府が担い、その仕事は職業的行政官が担当するというのが、伝統的な憲法理解であった。したがって、憲法四一条の「国会は国権の最高機関」という文言は政治的美称であり、立法府と行政府は上下の関係ではないとされてきた。

これに対して、橋本行革の中で四一条の理解が根本的に転換された。国民主権を前提とすれば、国民から直接選任された国会が最も国民に近いので、他の国家機関に比して強い正統性を持つ。そして、国会が行政府の長たる内閣総理大臣を指名し、総理大臣が行政各部の大臣を任命し、また最高裁判所長官を指名する。このように、国民の意思によって国家機関を構成するという発想に立つならば、国会こそが国家機関の基盤となる。「国権の最高機関」とはそのような実質的な意味を持つこととなる。

このような解釈変更の意義は重大である。まず、国会は主権者たる国民の意思を体現する機関として、強い正統性を認められた。そして、総理大臣は最高機関たる国会によって指名された政治的指導者として行政府の頂点に立ち、行政府を指揮監督する存在として位置づけられる。また、首相が大臣を任命することで組織される内閣は、政治的リーダーの結集体として行政府を集団的に指導していくことになる。憲法理解を転換したことにより、行政府官僚制は国会、さらには国会が指名した総理大臣とそれに任命された閣僚に服従するという上下関係が明確に打ち出された。この新しい憲法理解のもとで、内閣の政治化が実現するのである［図Ⅳ-1］。

ここで、このような内閣像の転換を示すものとして、衆議院予算委員会における橋本総理大臣の答弁を引用しておきたい。

図Ⅳ-1　橋本行革後の内閣

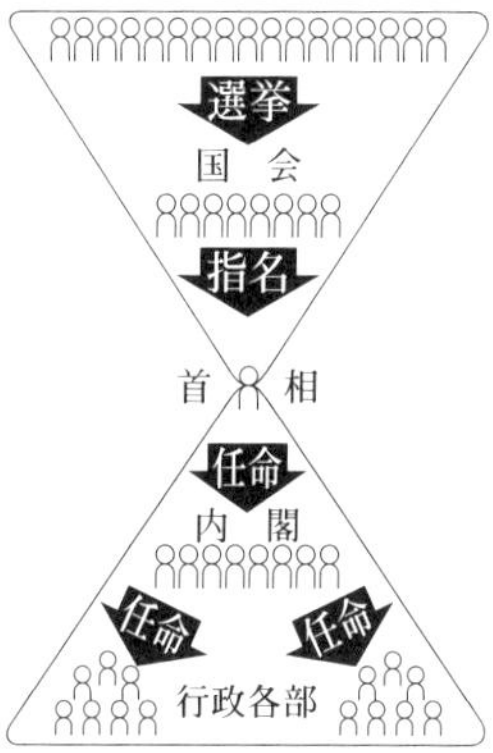

出典）　総務庁パンフレット

橋本内閣総理大臣　確かに憲法第四一条において、国会は国権の最高機関である、そう規定されております。国会が、主権者である国民によって直接選挙をされたその議員から成っております国民の代表機関、こうした位置づけでありますから、国家機関の中で、何といいましても一番主権者に近い、しかも最も高い地位にあるにふさわしい、そういう趣旨を当然のことながらこれはあらわしていると思います。

同時に、憲法が国家の基本法制としてのいわゆる三権分立という制度を採用しておりまして、これは行政権及び司法権との関係において、国会の御意思が常に他に優先するということでは私はないのではなかろうか、むしろ、そこまで最高機関と位置づけました場合に、司法との関係には非常に微妙な問題を生ずるのではないかという感じがいたします。

国会と内閣ということになりますと、六五条で「行政権は、内閣に属する」と定めておりますけれども、同時に、憲法は議院内閣制を採用しておりますし、国会が立法や予算の議決権、国務大臣の出席あるいは答弁要求権等によって行政権を統制されることを認めております。また、「内閣は、行政権の行使について、国会に対し連帯して責任を負ふ。」と定められております。ですから、私は、内閣の行政権行使の全般にわたりまして政治的責任を、あるいはその政治責任を追及する上での行政監督権というものは、国会は当然のことながらお持ちになっていると思います。（衆議院予算委員会一九九六年一二月六日議事録）

この首相答弁は、「政治的美称説」を否定する内容であると解釈することができる。こうした解釈の転換の背後には、行政改革会議の学者委員などの影響が働いたと考えられる。行政改革会議には、佐藤幸治（京都大学・憲法）と藤田宙靖（東北大学・行政法）が委員として参加していた。彼らは、橋本行革を「国の形」を作り変える事業として積極的に評価し、強い意欲を持って会議に参加した。そして制度提言をリードした。

d　行政改革会議報告に現れた憲法観と民主主義観

ここで改めて行政改革会議の最終報告を検証し、その憲法観、民主主義観を明らかにしておきたい。行政改革会議の提言に対する評価は様々であろうが、この会議の改革提言が日本国憲法と国民主権、民主主義などの原理に拠って立つものであったことは認めなければならない。まず、日本の政治、行政の現状認識について、最終報告は次のように述べている。

憲法前文にいう、「主権が国民に存する」とは、そのような自律的存在たる個人の集合体である「われわれ国民」が、統治の主体として、自律的な個人の生、すなわち個人の尊厳と幸福に重きを置く社会を築き、国家の健全な運営を図ることに自ら責任を負うという理を明らかにするものである。

このように、改革は国民主権の原理に立って、国民が主体的に国を統治するような制度を整備することを目指すという理念が明示されている。

今回の行政改革は、「行政」の改革であると同時に、国民が、明治憲法体制下にあって統治の客体という立場に慣れ、戦後も行政に依存しがちであった「この国の在り方」自体の改革であり、それは取りも直さず、この国を形作っている「われわれ国民」自身の在り方にかかわるものである。われわれ日本の国民がもつ伝統的特性の良き面を想起し、日本国憲法のよって立つ精神によって、それを洗練し、「この国のかたち」を再構築することこそ、今回の行政改革の目標である。

官依存を批判する言説は、従来、進歩派の側がしばしば使ってきた。しかし、行革会議は自立した個人の不在や民主主義の不徹底という進歩派の議論をむしろ共有し、それを改革のテコにしている。行革会議は歴史小説家の司馬遼太郎の強い影響を受けている。官尊民卑やコンフォーミズムを日本の伝統と見るのではなく、自立した個人を日本の伝統の中に見出そうとする点で、行革会議は進歩派とは異なる。官僚支配に対する徹底した批判は、従来の政府の審議会とはまったく異なったスタンスであり、その点が行政改革に対する世論の期待を膨らませた理由でもあった。報告は次のように、従来の行政や官僚支配を批判している。

その際、まず何よりも、国民の統治客体意識、行政への依存体質を背景に、行政が国民生活の様々な分野に過剰に介入していなかったかに、根本的反省を加える必要がある。徹底的な規制の撤廃と緩和を断行し、民間にゆだねるべきはゆだね、また、地方公共団体の行う地方自治への国の関与を減らさなければならない。「公共性の空間」は、決して中央の「官」の独占物ではないということを、改革の最も基本的な前提として再認識しなければならない。

こうした戦後型行政の問題点、すなわち、個別事業の利害や制約に拘束された政策企画部門の硬直性、利用者の利便を軽視した非効率な実施部門、不透明で閉鎖的な政策決定過程と政策評価・フィードバック機能の不在、各省庁の縦割りと、自らの所管領域には他省庁の口出しを許さぬという専権的・領土不可侵的所掌システムによる全体調整機能の不全といった問題点の打開こそが、今日われわれが取り組むべき行政改革の中核にあるといって差し支えないのである。

日本が直面する問題は、行政が市民社会や経済活動に過剰に干渉し、活力を殺いでいる点だというのが、行革会議の基本認識であった。そして、官僚組織が自己修正能力を欠いていることによって、時代の変化と行政の齟齬が広がり、今日の停滞、閉塞状況をもたらしたというわけである。公共性の空間が中央官僚の独占物ではないという言い方を、首相を議長とする政府の審議会が共有するということは、時代の変化を物語っていた。

そのうえで、行政改革の目標として、次の四つを掲げた。①総合性、戦略性の確保、②機動性の重視、③透明性の確保、④効率性、簡素性の追求。そして、こうした目標を達成する上で、内閣制度の改革が重要な戦略課題とされた。報告は次のように述べている。

まず、総合性、戦略性の確保という観点から、基本的な政策の企画・立案や重要政策についての総合調整力の向上などを目指して官邸・内閣機能の思い切った強化を図ることである。このことは、行政の機動性の確保にも大きく寄与するものとなろう。

こうした路線は、佐藤幸治委員の思想を色濃く反映したものである。ここで、佐藤の内閣や行政に対する考え方を見ておこう。佐藤は、行政の定義について控除説を支持するものの、ドイツ国家学の流れを引く伝統的な権力分立説とは異なった考えを持っている。むしろ、彼の関心は英米法的な法の支配をいかに政治、行政において実現するかという点にあった。彼は行政権の定義について、次のように述べている。

そもそも「行政権」は、国民主権に立脚し、国会をもって「国権の最高機関」にして「国の唯一の立法機関」とする日本国憲法の下で、実体をもった先験的なものとしてありうるのであろうか。むしろ、日本国憲法下の「行政権」は、基本的には、国会の制定する法律によって具体的内実を付与されるものと解すべきものではあるまいか。(13)

佐藤は、法秩序のモデルとして、ドイツ型と英米型を対比している。ドイツ型の法秩序では、理性的で厳格な法体系をもとに、全体性・組織性・能動性を備えた「垂直下降型の秩序形成」が実現される。法体系の上位規範を論理的に解釈することによってより具体的な問題を解決する具体的な規範を作り出すというイメージである。この秩序形成の担い手は、言うまでもなく行政官僚制である。そこでは、害悪発生の予防のため、行政による事前の調整や規制が重視される。これに対して英米モデルとは、議会が制定した法を裁判所や行政機関が具体的な問題に適用し、帰納主義的・経験主義的に秩序を形成していく。日本の場合、明治憲法体制はドイツモデルを取り入れ、官僚支配を構築した。しかし、戦後の日本国憲法は英米型の法の支配を採用したのであり、行政のあり方についてもこの理念に適合するように定義しなければならないと主張している[14]。

さらに、佐藤は、行政の定義について執行と行政を区別している。執行とは国政全般に関する政治的な統御であり、行政とは法律の実施という定型的な作業を意味する。そして、内閣を執行の主体と規定している。これに関連して、憲法七三条で言う「内閣は法律を誠実に執行」するという条文の意味について、次のように説明する。本来、法律を施行するのは行政各部であり、内閣は各部が法律を誠実に執行するよう監督、指導する役割を負っている。このような役割を果たそうとすれば、国政の運営に関する総合戦略・総合政策的発想に基づく総合調整力を発揮しなければならない。憲法七三条で言う「国務を総理する」とは、まさにこのような作用を意味する[15]。佐藤はこのような解釈をアメリカ合衆国憲法との対比と、日本国憲法の英訳テキストから導き出している。大統領制と議院内閣制という違いはあっても、日本国憲法が英米型の法の支配を取る以上、アメリカの制度原理を当てはめるべきということである。そして、内閣が持つ執行権の具体的内容を規定するのは、「国権の最高機関」

にして「国の唯一の立法機関」である国会であるべきだと述べている。
また、佐藤は内閣と国民の関係について、次のようなモデルの転換を提唱している。

国民と国会を一体的に捉え、その「政治」が内閣と行政機関（官僚）とが一体化した「行政」をコントロールするという従来の考え方に代って、国民・国会・内閣を一体的に捉えて「政治」と観念し、その「政治」が行政機関の専門的・技術的能力を活用しつつ、またそれをコントロールするという「かたち」へと転換する[16]（以下略）。

国会における野党の位置づけが明確ではないが、佐藤がここで示したモデルは、本書で述べてきた権力融合モデルと同じと理解することができる。あるいは、高橋和之の唱えた国民内閣制と基本的には同じ主張であるとも言えよう。つまり、与党は党首＝首相が国民に提示した基本政策を共有し、これを結束して推進するという、凝集性の高い政党モデルがこの議論では前提とされている。

九〇年代前半の選挙制度改革以来、イギリス型のウェストミンスター・モデルが日本の改革の方向とされて、小選挙区制が導入された。このベクトルを内閣にまで押し広げたのが、行革会議における内閣機能強化の改革であった。論文の中でも高橋和之の唱えた国民内閣制に対する共感を表明していた。佐藤の内閣機能強化論は、前章で紹介した西尾勝の議論などと同様の問題設定から出発していたということができる。本書の言葉を使えば、佐藤も内閣の政治化の必要性を認識し、行政改革の中でこれを推進しようとしたのである。

また、行革会議委員には読売新聞社長の渡邉恒雄も参加していた。渡邉は社論として憲法改正を推進した中心であり、同社は具体的な憲法改正草案もたびたび発表していた。その中で、内閣機能の強化、首相のリーダーシップの強化も改正の柱の一つであった。読売新聞の唱える憲法改正も、国民主権や民主主義を大前提としたうえで、政策形成や危機管理に強力に取り組める内閣を作り出すことを目指すという触れ込みであった。[17] 特に、首相が閣議の決定を経ずに直接各省庁を指揮できるようにすること、緊急事態には閣議を開催することなしに行政機関を指揮監督できるようにすることなどが、読売新聞の主張する憲法改正の具体的中身であった。

e 内閣の政治化の政治的背景

学者やメディアが積極的な憲法解釈を打ち出した背景には、戦後憲法体制のそれなりの定着と、その反面としての閉塞を、一部の学者やメディアが重視していたことがあると思われる。佐藤の発想は、憲法擁護を至上の目標と考えてきた伝統的な戦後憲法学の発想とは異なる。行革会議に参加した学者は、伝統的な憲法学にあった権力への抵抗や抑制の契機よりも、制度の創造に対する関心を強く持っていた。もちろん、彼らも戦後憲法体制の中で、国民主権や民主主義という原理を自明の前提として研究を行ってきた世代であり、復古的な権威主義や官僚支配への転換はありえない選択肢であった。他方、戦後五〇年以上が経過して、日本の民主政治が冷戦崩壊やグローバル化などの大きな環境変化に対して、十分な政策形成を進める能力を持てない閉塞状況に苛立ちを強めていたのであろう。したがって、彼らは国民主権を徹底し、政治の閉塞状況を打開するために国民の強い支持に支えられた強力で有効なリーダーシップの創出という関心から制度改革を構想したと思われる。

伝統的な憲法学と佐藤幸治の関係は、進歩的メディアと読売新聞の関係とパラレルである。朝日新聞に代表される進歩的メディアは、護憲を目指す抵抗の社会科学者に発言の場を提供してきた。そうした議論においては、戦後の民主主義的憲法体制は反動からの挑戦に晒されており、制度を守ることが実践的な課題と考えられていた。民主主義を基調とした制度変革であっても、一度制度変化の扉を開ければ、反動的改憲がとめどなく進むというのが彼らの危機感であった。渡邉率いる読売新聞はそのような進歩的言説に対する批判の姿勢を強め、九〇年代には憲法改正を社論として推進していた。行革会議は、いわば渡邉に制度改革を実現する絶好の機会を与えたのである。渡邉や読売新聞も、彼らが目指す改憲は復古・反動的なものではなく、民主主義や国民主権に支えられた強力で有効なリーダーシップを可能にする制度を作り出すものだと主張している。これらの学者やメディアに共通するのは、制度を墨守することへの不満であり、激動する現実に適合するよう制度を作り変えていくことへの意欲であった。

このような学界やメディアの変化に、自民党内の指導的な政治家の一部も共鳴した。凝集性の高い政党を作り、内閣が名実ともに国政の司令塔となるという制度の創出は、それ以前の自民党政治とはまったく異なるものである。のみならず、族議員として個別的な利益配分に関与したり、当選回数基準によって入閣待ちをしたりしてきた普通の政治家にとっては、不利益な改革となる。では、なぜ自民党政治の自己否定を含むような内閣制度改革を政府として積極的に打ち出したのであろうか。そこには何らかの政治的意思が働いたと考えるべきであろう。

行政改革会議の活動は、議長である橋本首相の意向なしにはありえなかった。橋本の政治的意欲を知るには、当時の政治環境を理解する必要がある。橋本政権は、細川政権誕生で野党に転落した自民党が再び政権に復帰してできた、最初の自民党首班の政権であった。また、当時、非自民陣営は小沢一郎を中心に新進党を結成し、二大政党制の誕生が喧伝されていた。新進党は自民党に対抗する政策構想をまとめ、九五年の参議院選挙では大勝し、自民党を脅かしていた。九四年には小選挙区比例代表並立制の導入が決まり、次の総選挙では自民党と新進党が政権をめぐって激突することが予想されていた。こうした状況で、橋本にとって、自民党をまとまりのない利権政党から脱却させ、政策を軸とした近代的な政党に変身させることは急務であった。小選挙区における戦いにおいて、そのことは特に必要であった。小選挙区においては党首のイメージや政権政策が、中選挙区よりも重要な意味を持つ。自民党と新進党は同じ改革というシンボルを掲げて競争していたのであり、自民党が改革の主体であるというイメージを国民に広げる必要があったのである。このような要因が重なり合って、内閣の政治化に向けた制度改革が進んだのである。

f　国政改革から資源配分の転換へ

橋本政権が内閣制度を改革したのは、小さな政府をスローガンとする行政改革の一環であり、その意味で強い内閣は新自由主義的な経済政策と密接に結びついていた。また、同じ時期、日米安保の再編成に向けた日米協議が始まり、沖縄では米軍基地の存続をめぐって日本政府と沖縄県との間で緊張した交渉が行われていた。米軍基地のための土地収用をめぐっては、沖縄県の反発で、収用手続きが円滑に進まず、一時的に基地が民有地を不法占拠するという出来事もあった。したがって、強い内閣を作り出すのは安全保障政策を迅速に決定、実施するためというイメージも与える結果となった。この点は、革新系の学者から大きな批判を浴びた(18)。

しかし、世論はおおむね橋本改革に対して好意的であった。九〇年代はいわば政治の季節であり、日本の閉塞状況を打開するために政治的イニシアティブが必要であるという認識は広く社会に浸透していたように思える。権力の暴走を抑えるという抵抗の文脈で政治を考えるよりも、政治が本来の力を発揮して懸案を解決することへの期待のほうが強かったといえよう。また、行革会議の提言が、日本国憲法の国民主権の理念、国民の自立による能動的な政治参加など、従来の革新派の議論を取り込んだことも、改革提言が説得力を増した理由の一つである。

その後の日本政治の展開を考えると、行革会議の提言は重要な変化の出発点となったと言わなければならない。本来、内閣制度の改革は資源配分をめぐる実体的な政策とは次元を異にするはずである。あえて例示的な言い方をすれば、内閣制度を変えて政治の優位を確立することは、特定の経済政策とは連動しないはずである。内閣が政治化し、権力核を作るならば、その内閣が強い権力を使って福祉国家を作るのか、市場主義の小さな政府を作るのかは、その時の国民の選択による。しかし、日本の文脈においては、橋本行革による内閣制度の改革は、小泉政権で開花する「小さな政府」に向けたレールを敷く役割を果たした。行革会議の議論を通して、小さな政府論と正義が結びついたのである。

佐藤は先に引用した文章の中で、官僚支配に対する強烈な批判を鮮明に打ち出していた。官僚制が市民社会や市場経済に過度に介入、干渉し、国民の側も行政に依存してきたことが、一九九〇年代の日本の停滞、閉塞状況の根源であったという認識は行革会議の議論の大前提であった。このような文脈で官僚支配の打破と国民主導の政治を追求すれば、規制緩和を基調とする小さな政府路線が浮かび上がってしまう。いわば、政治主導、国民主権という民主化の看板の陰で、資源配分について官僚の活動領域を縮小する小さな政府路線が密輸された形となった。資源配分について小さな政府路線を実現すれば、当然政府による再分配機能は縮小するわけであり、弱者に対する保護の縮小や経済格差の拡大という結果が招来されることになる。本来、実体的な資源配分に対しては中立的であるはずの国制改革が、強者優遇型の資源配分への政策転換とセットになって打ち出されたのが、橋本行革の特徴であった。官僚支配の打破、国民主権の徹底という改革の趣旨に世論は賛成であり、その陰に隠された資源配分の変更に対しては十分な吟味、予測を行うことはなかった。

国政改革と資源配分の変更が癒着していた点は行革会議における議論の偏りであった。その背後には、行革会議のメンバーが「公共」という概念について浅薄なイメージしかもっていなかったという事情が推測できる。藤田宙靖委員が後に北海道大学法学部で講演した際、私は次のような質問をした。橋本行革は行政の減量を目標としてきたが、そもそも財政規模や国民の租税・社会保険料負担率についても、公務員数の対人口比についても、日本は世界有数の小さな政府である[19]。行革会議が行政の減量というとき、日本の行政はいかなる意味で肥大化しているのか議論したのか。また、どのような意味で減量しなければならないのか。これに対して、藤田は明確な答えをしなかった。おそらくは、人や金の面で大きいのではなく、官僚が様々な意味で出しゃばり、干渉することが問題なのだといいたかったのであろう。

しかし、国民主権、政治主導、法の支配などの理念は常に小さな政府に結びつくわけではない。国民主権や法の支配をゆがめているのは、官僚制が極めて大きな裁量を持ち[20]、事実上恣意的に自ら法を創造し、国民や国会・内閣からの統制を受けないことであった。したがって、官僚の裁量を統制し、透明性や予測可能性を確保すれば、国民主権や法の支配に合致する大きな政府もありうるのである。実際、国民年金、義務教育など客観的な基準、ルールが定立されれば、法の支配に合致する積極的な行政は行える。

また、国民の行政依存を是正することは、民主主義を支える自立した市民を作り出すために必要なことである。しかし、自立した市民が常に小さな政府を支持しなければならないいわれはない。自立した市民の討論と選択によって合意を作り出し、客観的なルールを定め、自ら必要な資金を拠出することによって、公平な再分配の政策を樹立することもできるのである。つまり、行政に助けてもらうのではなく、市民同士が連帯して相互に助け合うという意味での福祉国家を造ることはできるはずである。公共性は官僚の独占物ではないと行革会議最終報告でも指摘していたが、だとすれば市民自身で公共性を定義し、公平な福祉国家を作り出すことも可能である。

行革会議の議論をリードした学者は、憲法や行政法の研究者であり、資源配分に関わる実体的政策に対する関心は高くなかった。たとえば佐藤は、行政改革、内閣制度改革の本質として、「一方では、行政の守備範囲をより限定的かつ明確にする（規制の撤廃・緩和と地方分権の推進）とともに、他方では、まず何よりも、行政の統括者にして高度の統治作用を果たすべき内閣の立場を明らかにし、主権者たる国民が内閣にもっと責任を取らせることができるような体制を作る必要がある[21]」と述べている。行政の守備範囲を限定することと明確にすることは次元の異なる話である。守備範囲が広いか狭いかは、国民主権や法の支配にとって重要な問題ではない。問題は、一定の守備範囲の中における行政の作動に関して明確なルールを作り、予測可能性を担保するとともに、国民による責任追及の手段を作り出すことである。しかし、佐藤のこの記述にあるように、国制改革と資源配分の変更との関係について、彼らは自覚的ではなかったと言わざるをえない。

しかし、この点に関しては橋本行革を批判した革新側の学者にも問題はあった。彼らの唱える国会中心主義はあまりに抽象的で、官僚支配の弊害を打破する具体的な政策決定システムのあり方については、ほとんど説得力のある議論ができなかった。福祉国家の整備にせよ、平和的手段による安全保障政策の展開にせよ、きわめて強力なリーダーシップが必要であるはずだが、こうした発想は批判論には欠如していた。むしろ、革新派の憲法学者には官僚制に対するある種の期待や信頼があったとさえいえるであろう。自民党一党支配体制においては、多数勢力の活動という意味での政治は、こと憲法に関しては、憲法の改正をもくろんだり、これを拡大解釈したり、党派的な利害によって行政の公平をゆがめたりと、悪いイメージでとらえられることが多かった。これに対する防壁となったのが内閣法制局を中心とする官僚制であった。特に、憲法九条の公定的解釈を法制局が独占することで、日本の軍事・安全保障政策に大きな枠がはめられたことは事実であった。この点に関連して、佐藤幸治は次のように述べている。

従来の憲法学が、一般に、内閣の〝影〟にある真の〝実力者〟である行政機関（官僚）を何故か直視しようとせず、ただ内閣に対する統制のみを建前的に問題としてきたことは否定できないように思われる（やや穿った見方をすれば、いわゆる官僚的合理主義に対する漠たる信頼感のようなものがあったのかもしれない）(22)。

権力の暴走を防ぐという革新派憲法学の関心にとっては、佐藤が定式化したドイツ型の法秩序の方が好都合であったことは確かであろう。その時々の多数派の意思によって秩序を柔軟に作りかえるというよりも、超越的、客観的に定立された法体系が厳然として存在し、それを演繹的、厳格に解釈して政府の行動に対して正邪の判断を下すという秩序の方が、権力の動きは制約される。この法体系の管理者は言うまでもなく官僚しかいない。革新派憲法学が実は官僚支配と親和的な関係にあったという逆説を見出すことができる。その意味で、官僚支配に対する国民の不満が亢進した時に、固定的な秩序観に基づく憲法解釈が政治的に有効性を持たなくなったことにも理由はある。

もっとも、橋本政権時代には未曾有の金融危機が起こり、恐慌を起こさないために政府の積極的な経済介入が必要とされ、小さな政府路線の本格的展開はタイムラグを置いて始まった。

g 橋本改革の挫折

このようにして、内閣機能の強化とスタッフ機構を中心とする組織体制の整備によって、内閣は権力中枢としての存在に高められたということができる。橋本は、行政改革にとどまらず、地方分権、財政構造、教育、金融などの「六大改革」を打ち出した。自らが構築した体制の中で、これらの改革を強力に推進する意欲を持っていたに違いない。しかし、一連の制度改革の作業が一段落した九七年秋、橋本政権は未曾有の金融危機に襲われた。この年の一一月、山一証券や北海道拓殖銀行が相次いで破綻し、日本経済に衝撃が走った。以後、政府は経済金融危機への対応に追われた。そして、九八年七月の参議院選挙では予想外の敗北を喫して、橋本政権は改革の道半ばで退陣を余儀なくされた。

もっとも、挫折の一因は橋本自身が作り出していた。改革路線をひた走る橋本政権は、最大野党新進党の混迷もあって、順調に推移していた。しかし、九七年九月の内閣改造で、ロッキード事件で有罪判決を受けた佐藤孝行を総務庁長官として入閣させたことによって、支持率が大幅に低下した。この改造は、九六年の総選挙によって第二次橋本内閣が発足して一年経過したところで、従来の慣行通り与党の中堅、ベテラン議員に大臣の経験を味わわせるために行ったものである。ロッキード事件によって表舞台から遠ざかり、当選回数が多いにもかかわらず大臣になれなかった佐藤を救済するために、橋本は佐藤を入閣させた。いささか政局講談風にいえば、佐藤入閣は橋本政権の運が暗転するきわめて重要な転機となったのである。より学問的にいえば、橋本政権の内閣制度改革が、「仏造って魂入れず」であったことが、佐藤孝行の入閣によって如実に示される結果となった。一年一回内閣改造を行い、政治家としての能力、適性とは無関係に当選回数に応じて大臣を任命するのは、かつての弱体内閣時代の慣習であり、改革を標榜する橋本が繰り返すべきではなかったのである。この点は、内閣の運用にかかわる慣習を変えることがいかに難しいかを示すエピソードとなった。

国会活性化と政治主導——自民・自由連立政権の改革

橋本首相の後継には、小渕恵三が選ばれた。小渕政権は参議院での過半数割れに対処するため、九九年一月に自由党（当時）と、同年九月には公明党と連立を組んだ。特に内閣制度の運用において重要なのは、自民党と自由党が連立政権を作るに際して結んだ政策合意であった。この合意は、当時自由党代表であった小沢一郎の年来の主張を反映して、政治主導を実現するための制度改革を謳っていた。特に重要な変化は、行政府の制度改革にとどまらず、新たな議院内閣制に向けて国会のモデルチェンジが行われた点であった。

行政府における制度改革としては、各省における政治任用の拡大が重要である。具体的には、従来の政務次官に代わって、副大臣、大臣政務官が設置された。政務次官は法制上の権限も曖昧で、「盲腸」とも呼ばれ、実質的な政策決定にはほとんど関与してこなかった。自民党の人事慣行では、当選二回程度の若手政治家が政務次官に就任し、族議員としての足がかりを築くのが、このポストの主たる意義であった。また、自社さ連立政権時代に政務次官を経験した当時の社会党の若手政治家に話を聞いてみると、挨拶要員という答えが返ってきた。つまり、各種のイベントに、多忙な大臣の名代として出席し、挨拶をするのが主たる仕事だったのである。従来の人事では、各省には一名の大臣と一、二名の政務次官（内閣官房の場合は官房副長官）がおかれ、その二、三名が各省庁における政治的指導者のすべてであった。しかし、大臣と政務次官は連携を欠き、政治的指導者の実態は存在しなかった。つまり、トップダウンで官僚組織を指揮監督するという体制は存在しなかったのである[23]。

このように形骸化した政務次官に代わり、副大臣と大臣政務官制度が導入された。まず、省庁組織において政治任用のポストを増やしたことに意味があった。副大臣は二名、政務官は二、三名置かれており、行政府の中にポストを持つ国会議員の数はそれ以前に比べて倍増した。そして、副大臣や政務官は大臣から直接の指示を受けて、政策立案や各省間の、あるいは各省と与党との間の調整を行うことが想定されている。

こうした制度改革が与党間の政権合意で実現した背景には、それ以前の、特に九〇年代の日本の政策決定過程で政治的リーダーシップが弱体であったことへの反省が存在した。各省のトップに君臨するはずの大臣や政務次官が重要な政策決定を十分把握できていなかった。かつての大蔵省では、金融政策の手段として行政指導が多用されたが、指導の根拠となる銀行局長通達について、大臣、政務次官はその決裁に参加していないということが、不良債権処理の過程を検証する中で明らかになった。こうした状況に対しては、自民党も含めて政治家が不満を持つようになった。さらに、日本長期信用銀行や日本債券信用銀行の経営危機に端を発する一九九八年の金融危機に際し、その回避策を検討する過程で、政策新人類と呼ばれる与野党の若手議員が官僚を排除して法案を作成した経験から、政治家に政策形成への意欲が高まったことも、こうした制度改革を促した要因である。

また、国会改革の中で行政と密接に関連するものとしては、政府委員制度の廃止が重要であった。それまでは、国会の委員会審議において、中央省庁の官僚（多くは局長、審議官級で事務次官は政府委員にはならなかった）が政府委員として答弁を行うことが認められてきた。しかし、この制度は政策について説明、論争する能力を持たない政治家が大臣になることを可能ならしめる、政治家主導の政策論議を阻害するといった批判を受けてきた。久保田円次代議士が防衛庁長官在任中に、一九八〇年一月の衆議院予算委員会で野党の質問に対して「重要な問題なので政府委員に答弁させます」と「正直」な答弁をしたことは語り草になっている。自民党と自由党の政権合意によって、国会における答弁はすべて大臣等の政治家が行うこととされ、官僚（国会内では政府委員と呼ばれた）の答弁は原則として廃止された。さらに、イギリス議会のクエスチョン・タイムにならって、衆参両院に国家基本政策委員会を設け、そこで首相と野党党首の間での双方向的な論争を行うことも決まった。

この改革は、国会の位置づけを変更することにつながるものであった。あるいは、これらの制度改革によって、日本の内閣制度もイギリスのウェストミンスター・モデルに近づいたということもできる。従来の国会における政府と野党の間の審議は、形式上は政府が提出した法案・予算に関して野党が質問するというものであった。内容的には国政全般に関する政府の見解を質すことも行われてきたが、予算、法案の審議という性質上、野党が提案者である政府に質問するという形は維持されてきた。また、法案に関する質疑を行うのであれば、法案作成を実質的に行った官僚が政府委員として答弁に立つことは、むしろ有意味な審議のためには必要である。

これに対して政府委員制度を廃止し、総理以下の大臣と野党首脳との間の双方向的な討論を中心に委員会審議を行うことは、国会を狭い意味での立法機関ではなく、与野党間の政治的競争の場として位置づけることを意味する。そして、そのような政治的競争を鮮明に演出するために、国会から政府委員という行政的要素が排除されるのである。こうした改革が実質的な効果を挙げるならば、国会は国政全体について総括的な方向付けを行う最高機関として機能することが期待された。その点で、政府委員の廃止は、その意図において国会の立法機能を強化するのではなく、政治的指導機関としての国会の優位性を強化するものである。

しかし、副大臣や大臣政務官が具体的にどのような権限を持ち、活動するかという問題は、十分に詰められていなかった。特に、この制度の運用を現実的に検討し、慣習を形成していこうとした矢先に、二〇〇一年四月、小沢一郎率いる自由党は自民党との連立を解消したために、この問題はいわば先送りにされた。二〇〇一年七月の総選挙の後、第二次森喜朗政権において、副大臣や大臣政務官は大臣のスタッフとして運用され、その後に至っている。官庁組織のラインの中で具体的な所掌事務を持ち、意思決定に権限をふるうという位置づけにはなっていないのである。

3　二一世紀日本の内閣統治

小泉政治誕生の背景

選挙制度改革や内閣機能強化が実際に効果を発揮するには、制度改革からある程度の時間が必要であり、何回かの選挙をくぐらなければならなかった。森喜朗政権と小泉純一郎政権の二つの政権の下で、日本の内閣制度の運用は劇的に変化した。

森政権こそは、旧式の内閣の最後の典型例であった。森内閣は、誕生の過程から異常であった。二〇〇〇年四月、小渕恵三首相が脳梗塞で倒れ、意識不明となった。当時の内閣制度においては、首相に事故があった場合臨時代理をどのように決めるかについて、たとえばアメリカ憲法のような明文の規定は存在しなかった。とはいえ、常識的に考えれば、緊急閣議を開き、官房長官を中心に後継首相の選出の仕方について協議すべきところであった。一九八〇年六月の衆参同日選挙の際、大平正芳首相が心臓病に倒れたとき、当時の伊東正義官房長官が臨時首相代理を務めたという前例もあった。しかし、内閣や自民党の公式機関の会議は開かれず、森幹事長、亀井静香政調会長、野中広務幹事長代理、青木幹雄官房長官、村上正邦参議院議員会長の五人が秘密裏に会合し、森幹事長を次期総裁に選ぶことを決定した。それまでの自民党にしばしば起こった、党内の調和と世論の乖離が極限まで進んだという出来事であった。

当然、森政権はきわめて不人気で、内閣支持率は六％と、史上最低を記録した。森政権が継続したままでは、二〇〇一年七月に予定されていた参議院選挙で大敗するという危機感が強まり、森は二〇〇一年四月に退陣した。その後継を決める総裁選挙では、小泉純一郎と橋本龍太郎が争った。国会議員の支持は橋本の方が多かったが、小泉は選挙権者がきわめて限定されている自民党総裁選挙にもかかわらず、街頭で一般市民に支持を訴えた。構造改革を唱え、改革に抵抗する自民党をぶっ壊すと叫んだ小泉に、一般市民の支持は沸騰した。そして、こうした世論を背景に、一般党員の投票では小泉が圧勝し、各都道府県に割り当てられた票をほぼ独占した。その余勢を駆って、国会議員の投票でも勝利した。

細かい経過は省略するが、小泉時代に起こった変化は、ウェストミンスター・モデルへの移行、イギリス型の内閣制度の運用にむけた模索であり、二〇〇五年九月のいわゆる郵政解散総選挙がそうした変化を確定させた。

こうした変化を引き起こした背景要因をまず整理しておこう。

最大の要因は、日本的な議院内閣制の運用に対する国民の不満が限界まで鬱積したことであった。森政権は、いわば自民党の有力者が権力を私物化することによって誕生した。それ故に、党内融和と世論の乖離という自民党政権の短所が森政権において凝縮された。国民は内閣の運用に公開性、直接性を求めた。直接性といっても、もちろん国民が首相を直接選ぶという意味ではない。世論が直接的に自民党の総裁選挙や政策決定に反映され、党と世論の乖離が解消するのが、直接性の意味である。

第二に、バブル崩壊後の停滞の一〇年を経て、政治的イニシアティブによって解決すべき問題がたまっており、世論も強いリーダーを求めていたことが指摘できる。日本経済の桎梏となっていた不良債権問題を解決するには、従来の予定調和的政策形成システムでは無力であった。司司の官僚機構に個別的な対策を求めるのではなく、行政機構と与党が一体となった体制が必要だという認識が広まった。

第三は、族議員と官僚組織の連合体による利益配分政治を取り巻く環境が、急速に厳しくなったことである。一つには、小渕政権時代に大規模な景気対策を実施した結果、財政赤字が急増し、先進国中最悪の水準に落ち込んだ。財政の持続可能性を考えれば、景気対策や利益誘導型政策をもはや展開できないという時代認識が、次第に広まった。

また、政治倫理や政策効果の面からも、利益配分政策に対する世論の批判は強まった。小渕政権時代の大規模な景気対策は、めざましい効果を上げなかった。むしろ、従来型の公共事業を行っても、景気が上昇するということはあり得ないという議論が経済論壇で有力となった。また、族議員が斡旋、口利きを行って政策の配分をゆがめることが、政治腐敗を深刻化させたことについて、世論の批判が盛り上がった。二〇〇二年の春には、鈴木宗男衆議院議員による利益誘導について、国会での追及が行われ、同議員は斡旋収賄罪で逮捕起訴された。

総じて、従来の政官の地下茎型ネットワークは、国民や世論から乖離した閉鎖的なものであり、必要な政策転換を妨げる意思決定システムの障害であり、また、政治や行政の腐敗と無駄を招いたという否定的なイメージが、小泉政治のもとで急速に広まった。小泉政権に大きな期待を寄せた無党派層は、無駄が多く、腐敗を招く利益誘導政治に対してきわめて批判的であった。それ故に、小さな政府や族議員・官僚組織の連合体との対決を叫ぶ小泉首相を支持していた。内閣制度の運用は、本来、資源配分のあり方や特定の政策内容と直接結びつく課題ではなく、あくまで制度の運用に関わるものである。しかし、二一世紀初頭の日本において、族議員と官僚組織の結合体が追求してきた日本型再配分政策に対する批判の文脈において、自民党の集権化や内閣における求心力の強化の議論が広がり、世論の支持を得た点は、重要である。(24)

小泉政治は何を変えたのか

このような背景要因のもとで、内閣と自民党ではそれぞれ大きな変化が起こった。

①内閣

まず、内閣においては、それ以前の当選回数による閣僚の任用が廃止された。また、派閥が閣僚を選任する単位としての意味を失った。小泉は、「一内閣一閣僚」を唱え、多くの自民党議員の期待を裏切って、頻繁な内閣改造を否定した。また、改造を行っても、側近となる経済関係の閣僚を留任させた。また、民間人や若手を登用し、国政を動かす清新な指導者集団というイメージを作り出した。

また、橋本行革によって設置された首相のスタッフ機関を、小泉は有効に活用した。特に大きな影響力を持ったのは、経済財政諮問会議であった。小泉は、民間から竹中平蔵（慶大教授、後に参議院議員）を経済財政担当大臣に起用し、同会議の民間議員には日本経団連会長の奥田碩や牛尾治朗という大物財界人を起用した。これにより、同会議は経済政策の決定において大きな影響力を持つことになった。また、総合規制改革会議（後の規制改革民間開放推進会議）の議長に、宮内義彦（オリックス会長）を据えて、規制緩和の論議をリードさせた。

こうした装置を駆使して、小泉首相は官邸主導の政策遂行を図った。世論の支持を背景に、自民党以外の人材を使いながら政策実現を図るのは、直接性志向の国民の期待にかなうことであった。小泉時代に、内閣と与党の二元体制が解消されたわけではなかった。公明党と連立を組んでいたことも、そうした変化を難しくした。しかし、以前に比べて内閣の権威が高まったことは確かである。そのことは、後で説明する政策形成システムの変化に現れている。

②自民党

自民党で起こった変化は、党の中央集権化と政策路線に関する純化であった。自民党の変化を理解するためには、先に述べたように、森政権時代に自民党がきわめて大きな危機を迎えたことを押さえておく必要がある。党内と世論の乖離が当然であった時代には、自民党自体が不人気でも、各議員が自分の後援会を守り、支持基盤の票を確保すれば選挙で当選できていた。しかし、小選挙区制が定着する一方で、自民党を従来支えてきた各種の組織、団体の動員力が低下してきた。これにより、リーダーの人気度、政権のイメージが個々の選挙区における政治家の当落に重大な影響を及ぼすこととなる。森政権末期、自民党はこの総理の下では選挙を戦えないという恐怖心を抱いたことが、以後の自民党の変化の出発点であった。

第一の変化は、派閥の弱体化と党の求心力の増加であった。小選挙区制においては、党の公認を決定する執行部の権力が大きくなる。中選挙区制の時代と異なり、無所属で立候補して、党の公認候補を破って当選し、後に自民党に入党することは、きわめて困難になっている。また、政党助成金も、執行部の権力を強めた。これにより、派閥は弱体化した。党内と世論の乖離が許されない状況では、派閥闘争にふけって世論の批判を浴びることは得策ではなくなる。また、自民党議員が自前の資源で選挙に勝ち抜くという要素が低下すればするほど、以前の当選回数を基準とした平等主義も崩れてくる。自らの当選可能性が党からの公認や資金援助に依拠している以上、執行部が人事面で抜擢を行っても抵抗することは難しくなる。かくして、自民党は派閥連邦制から中央集権体制に移行した。

第二の変化は、総裁選挙の変容である。総裁は党の顔であり、その人気度は個々の政治家の選挙にも大きな影響を与える。議員は、総裁選挙について自らの派閥を単位とした発想を捨て、自己の選挙ポスターに誰と一緒に写るかという視点で考えるようになる。この変化がはっきり現れたのは、二〇〇三年九月の総裁選挙であった。このとき、橋本派は派閥としての総裁候補を擁立することができなかった。総裁選挙に関して、世論と党内の乖離は解消した。小泉が退陣を表明し、その後継を争った二〇〇六年九月の自民党総裁選挙でも、一般国民の人気が総裁選挙に決定的な影響を与えた。総裁ポストをめぐって派閥間の権力闘争を行う余地がなくなりつつあるということができるだろう。

第三は、政策に関する純化である。財政危機や利権政治に対する風当たりが強くなったことで、選挙区や業界向けの利益誘導の宣伝がしにくくなったことも作用して、選挙の際に政治家が訴える政策が、全国共通のマクロ的なものになってきた。小泉首相の構造改革路線が高い人気を保っている限り、個々の政治家も「小泉首相とともに構造改革を断行する」という類のスローガンを唱えることとなる。特に、二〇〇五年の郵政解散選挙では、そうした政策的純化が徹底した。この点については、さらに詳しく検討したい。

いずれにせよ、自民党はかつての政策的多様性の党から、小泉首相の唱える新自由主義的政策を軸とした党へと変身したということができる。

③政策決定メカニズム

政策決定メカニズムにも、変化の兆しが現れている。自民党が開発してきた政官の地下茎ネットワークが崩壊したとまで言い切ることはできないであろう。多くの政策課題について、与党の政策調査会と官僚との折衝、調整は日々行われている。しかし、小泉政権が、この地下茎ネットワークが陥りがちなデッドロックを解消するために、別の仕組みや手続きをとったことも確かである。

その一つは、先述の諮問機関の利用である。経済財政諮問会議は、予算編成に大きな影響力を振るった。これは、同会議が毎年度の予算の基本的枠組みを、「骨太方針」として決定し、予算編成の舞台やスケジュールを管理するという新しい手続きが確立した。さらに、二〇〇二年以降は、「骨太方針」が策定された後に、「予算の全体像」が議論されるようになった。そして、二〇〇四年からは「予算の全体像」と合わせて、翌年度の経済成長率の見通しまで議論されるようになった[25]。こうして、経済財政諮問会議は財政政策の基本的枠組みを決定する司令塔として大きな力を持つに至った。

したがって、予算獲得を目指す各省およびその背後にいる族議員は、骨太方針の策定過程に参加し、自らの主張をこれに反映させようと躍起になる。竹中治堅は、自民党や各省庁には、当初骨太方針が強い拘束力を持つという認識が存在しなかったと指摘している[26]。しかし、財務省は予算編成過程の出発点として諮問会議による骨太方針の策定を位置づけており、それに反することは一切予算に盛り込むことはできないという論理で、各省庁の要求を封じ込めた。政策論議の前提条件を規定することによって、族議員・官僚連合体の活動を一定範囲内に封じ込めるという手法は、かつての第二次臨調による行政改革の時期に、大蔵省が財政再建のために行ったゼロ（マイナス）シーリングなどの事例がある[27]。今回は、財務省が臨調に代わって経済財政諮問会議という権威を利用して、緊縮財政を正当化したのである。

このような手続きの変化により、経済財政諮問会議の役割は拡大し、そこにおける政策形成過程も変化した。竹中は、この現象を経済財政諮問会議の二重構造化と呼ぶ[28]。政策形成のコアの部分においては、首相や主要閣僚、同会議の民間議員が大きな関心を払う重要課題に関する論議と方向付けが行われる。小泉首相の持論である郵政事業や特殊法人の民営化などがコアの過程で決定されるテーマである。そして、周辺的な過程では、同会議の事務局と各省官僚との間で調整が行われ、翌年度予算にどのような事業を盛り込むかが論議、決定される。いわば周辺的な過程では予算編成が前倒しされたということである。

このように周辺的な過程においては、各論の政策に関して従来の地下茎ネットワークを通した調整が作動した。しかし、そうした活動の範囲自体を骨太方針などで封じ込めるという点に、小泉内閣の政策形成過程の新しい特徴があった。ただし、これが内閣主導、首相主導なのか、形を変えた官僚主導なのかについては、留保を要する。小泉政権のシンクタンクとなった経済財政諮問会議が、財政、経済政策の論議においてどこまで自立した存在であったかは、不明だからである。同会議の事務局には財務官僚も出向しており、同会議の民間議員も従来各種の審議会において活動していた、その意味で財務省にとって計算可能な人々であった。小泉首相自身、若手議員の時代から大蔵省―財務省と親密な関係があったことはよく知られている。財務省が経済財政諮問会議を利用しながら歳出削減を進めたという側面も見て取れる。

もう一つは、党内の意思決定手続きの変化である。自民党内の政策調整は、伝統的にボトムアップで進められ、党としての最終意思決定機関である総務会では全員一致によって決定が行われてきた。そのことは、党内調整が完了した案件の国会における円滑な成立を保証した。しかし、他方で党内のあちこちに拒否権集団を存在させることにもつながり、賛否が分かれる重要な問題について迅速な決定ができないという限界ももたらした。特に、郵政民営化法案について小泉首相は党内の事前審査の省略の可能性について言及した。結局、法案の閣議決定に際して、自民党では総務会で多数決によりこの法案の国会提出を了承した。多数決による総務会の了承は、自民党の慣習に反することであり、その点は後の郵政民営化法案の国会審議に重大な影響を与えた。造反派は、総務会の意思決定に瑕疵があったことを根拠に反対を正当化した。しかし、この主張は世論の理解を得ることはなかった。党として必要な場合は多数決もやむを得ないというのが、大方の見方であった。このように、小泉政権時代の自民党では、党内の合意よりも、首相が掲げる重要政策について迅速な決定、実行を重視するという大きな変化が起こったのである。

首相統治をめぐる認識と評価

こうした変化は、郵政民営化法案の参議院否決を受けた解散総選挙の際に、特に鮮明になった。この解散総選挙は、内閣と与党の関係というテーマ以外に、二院制における内閣と第二院の関係という込み入ったテーマが含まれている。日本の憲法構造においては、きわめて大きな権限を持った参議院を含む二院制を取っている。自民党が衆参両院で安定多数を握っていた時代には、内閣と国会の食い違いや、衆議院と参議院と内閣の複雑な対立という問題は出現する余地はなかった。しかし、自民党が参議院で過半数割れした状態が続き、内閣の指導者が自民党内で賛否が分かれる重要問題を国会に提起するに及んで、日本の憲政史上初めて、内閣と参議院の対立による解散という事件が起こった。小泉首相は二〇〇五年八月、解散を決定する閣議において、解散に反対する島村宜伸農水大臣を罷免し、自ら兼務することで閣議決定を行った。これは、総理大臣が自らの権力をフルに行使した戦後政治史におけるきわめて珍しい事例である。総理大臣は閣僚を自由に任免できる以上、閣内に反対意見があった場合、反対する閣僚を罷免することによって内閣の一体性を確保することもできることをこの事例は教えた。

① 郵政解散と憲法

郵政解散については、まず憲法上の疑義が存在する。参議院で法案が否決されたからといって、その法案を可決した衆議院を解散するというのは筋が通らないという批判が当然出てくる。特に、議会を内閣に対する協賛機関と考えれば、解散は内閣に反抗した議会に対する懲罰であり、戦前の帝国議会においては解散によって身分を失った議員を勅勘議員と呼んでいた。こうした見方に立てば、法案を可決した衆議院をわざわざ解散することには道理がないように思える。自民党の郵政民営化反対派はこのような批判を行っていた[29]。

しかし、解散を内閣と国会の権力分立関係における抑制、均衡として捉えることは、政党政治の論理から無理があることは前に指摘した通りである。むしろ、既存の権力機関の間で意思決定をめぐってデッドロックの状態が生じた時に、民意を明らかにすることによってそれを解消し、国政を平常で安定的な運営に戻すための手段として、解散を位置づけるべきであろう。だとすると、郵政民営化をめぐる内閣と国会の食い違いを争点とする小泉首相による解散には、政治的な意義があるということになる。

特に、実質的な一院制においては、民意を問う解散という位置づけは、理解しやすいであろう。ただし、二院制においても、解散をそのような政治的手段として正当化できるかどうかという論点は、残るであろう。

その点で、郵政解散は二院制を否定するものだという批判もありうる。衆議院を解散しても、参議院の構成にはまったく影響はない。したがって、総選挙の結果郵政民営化に賛成する勢力が勝利しても、参議院否決の際の再議決に必要な三分の二以上を獲得するのでなければ同じことの繰り返しになる恐れがある。法案は二つの院で可決されて初めて法律となるという二院制の理念を純粋に尊重するならば、小泉首相のやり方は参議院に対する脅迫ということになる。参議院議員がその表決、行動に関して国民から責任を問われるのは参議院選挙のみであって、衆議院選挙の結果から圧力を受けるというのは、二院制を無意味化するものという批判もありえよう。

根本的な問題として、二院制における第一院と第二院とにどのような権力を配分することが民主政治にとって望ましいかという点がある。議院内閣制の国において、日本のように、立法に関して二つの院がほぼ対等の権力を持っている二院制は珍しい。参議院が法案を否決した場合、衆議院で三分の二以上の賛成がなければ法案を成立させることはできないが、それは現実的にはほとんど不可能である。ほとんどの民主主義国において、与党が選挙で圧勝した場合でも三分の二を超えることは珍しい。また、両院協議会において二つの院が合意に達する保証はない。両院の多数意思が食い違った場合の調整方法に関して、憲法は現実的な調停の方法を規定していない。

強い参議院を前提とするならば、権力の融合という議院内閣制の本質は参議院にも適用すべきである。参議院が独自性を発揮して、法案をしばしば否決するならば、国政は停滞してしまうからである。また、歴史的に見ても、参議院が発足してから一〇年程度の間は、無所属や名望家的な会派が存在感を示していたが、次第に衆議院と同様の政党化が進んだ。このことも、統治にとって参議院についても立法と行政の権力の融合が必要であることの現れであった。

仮に抑制均衡を重視するならば、参議院には自由な批判機能を保障する必要があるが、批判機能があまりに強すぎれば参議院に拒否権を与えることになる。抑制均衡を重視するならば、参議院の批判機能を強化する一方で、議決が異なった際に衆議院が参院の否決を乗り越える方法について、現行の三分の二よりも容易な仕組みを規定するのが、順当な制度設計であろう。

参議院における民意の反映の仕方は、権力の融合を難しくしている。参議院は解散もなく、任期六年で半数改選という制度上、構成の変化が極めて緩慢となる。ある時期に表明された民意が衆議院よりは長く残されるということができる。こうした問題は、自民党の長期安定政権のもとでは顕在化しなかった。しかし、一九八九年参議院選挙における自民党の過半数割れ以降、顕在化した。自民党は参議院の過半数確保のために連立政権を組むことを余儀なくされ、与野党間の議席差が小さいために、政権運営は不安定になりやすい。こうした混乱の中で、一九九八年には野党側は参議院において問責決議案を可決して、防衛庁長官を辞任に追い込むという出来事もあった。このように、参議院は内閣に対して事実上きわめて大きな力を振るいうる。しかし、参議院には解散はないため、内閣の側からの対抗手段は存在しない。政権が推進する最重要法案について参議院が否決するということは、参議院においては内閣統治に必要な権力の融合が解消されたことを意味する。そうなると、衆議院の場合と同様、解散総選挙によって民意を表現させ、権力の融合を作り直すことしか、デッドロックを打開する方法はない。その場合、参議院も衆議院総選挙で表明された民意に従うという決着しか存在しない。

重要政策に関する内閣と国会の対立をテーマに、解散総選挙を行えば、その選挙は政策に関する国民投票という性格を持つ。利害が錯綜し、明確な意思決定が行えない場合、争点を明確にして解散し、民意を問うという手法自体は、歴史上も、諸外国の例に照らしても、決して異常なことではない。選挙が国民の意思表示であるからこそ、選挙の洗礼を受けなかった院も、国民の意思に服従するという政治的決着が導けるのである。

日本では、一九七九年に、当時の大平内閣が、一般消費税（付加価値税）の導入を争点に、解散総選挙を行ったが、敗北した。このように、解散による国民の支持の調達という手法は、政権崩壊という危険をともなう大きな賭けである。その時に首相が提示した解散の大義名分、重要政策が、本当に解散に値するかどうかは、国民が判断するしかない。

② 民主政治のモデルチェンジと小泉政権

二一世紀初頭の日本で起こっている政治の変容は、民主主義の枠をはみ出すという危険もあるのかもしれないが、この変化が民主政治の枠内にとどまるならば、それは民主政治のモデルチェンジに向けた過程ということになろう。

従来の日本政治は、どちらかといえば多元的民主政治であった。政党システムは、自民党による一党支配ではあったが、自民党という政党自体が、多極共存型民主主義を実現したということもできる。すでに見たように、この党は、政策的な基軸をはっきりとせず、あえて相矛盾するような集団・利害を抱え込んできた。選挙においては、包括的な政権公約などほとんど議論されず、地域ごとの個別的な利益が論じられてきた。そして、日常的には、様々な分野の族議員や派閥が多元的な交渉、妥協を行うことでリーダーの選択、政策の調整などを運営してきた。戦後長い間、この仕組みはそれなりに国民の多様な欲求を政策決定に反映させたという肯定的な評価も可能である。特に、環境変化の小さい平時においては、そのことは当てはまる。

様々な集団の満足に基づく多元的な均衡は、別の面から見れば、既得権の温存、停滞、閉塞といった弊害をもたらすということもできる。特に、一九九〇年代以降の政治経済の大きな環境変化によって、政策体系そのものの大規模な転換が必要とされるとき、多極共存型民主主義はその妨げになる。小泉政権が唱えた改革に多くの国民が共感し、政権が高い支持率を保ってきたことは、世論が政治や政策の変化を待望していることの現れであった。そして、メディアの発達によって政治の実態が可視的になるにつれて、変化を阻んでいる政治システム上の問題に対して、国民はいらだっていたのである。

こうした状況で、日本政治の一元的民主政治への移行が進んでいる。それをもたらした要因は、すでに説明した選挙制度、行政改革などであった。そして、小泉純一郎という総理、総裁としての権力を正面から行使することをためらわないリーダーの出現が、それに拍車をかけた。

小泉の出現によって、日本でも国会で多数を取った与党が立法権と行政権を握り、強力に自らの意思を実現するという、本来の議院内閣制が姿を現しつつあるということができる。権力は一元化され、責任の所在も明確になった。小泉の政策や手法を国民が拒絶するならば、選挙で自民党を負けさせ、政権交代を起こせばよい。また、国民が小泉の政策を支持するならば、国民からの負託を背景に小泉政権が抵抗を乗り越えてそれを実現するというのが、民主政治の一つの姿である。

③　民主主義の進化か危機か

しかし、小泉政権時代における内閣制度の運用を、全面的な民主主義のモデルチェンジとして肯定的に評価することは、早計である。内閣における権力の集中は、ダイナミックな民主政治にとっての必要条件であるが、十分条件ではない。日本政治の現状は、民主主義の進化でもあり、危機でもある。

まず、進化の面から見れば、制度変更後一〇年を経て、ようやく政治改革の論理的帰結が具体化しているということである。私自身は、九〇年代の政治改革論議の中で、ウェストミンスター・モデルへの移行、あるいは一元的民主政治への移行を主張してきた。二一世紀臨調などの改革世論をリードした団体も、同様の主張をしてきた。選挙制度を小選挙区中心のものに改め、内閣機能強化という制度改革を実現した以上、民主政治のモデルもそうした制度と整合するものに変えなければ、制度改革は完結しない。そうした移行をある程度実現した小泉首相の政策が制度改革論者の想定した政策と異なるからといって、システムの変化をいまさら否定するわけにはいかない。

しかし、強力なリーダーシップと独裁は紙一重である。郵政民営化という単一争点だけを主張し、その他についてはすべて白紙委任という小泉首相の手法は、独裁政治の入り口である。ではこの危機をいかに乗り越えるのか。

一元的民主政治にはいくつもの必要条件がある。まず強力な野党が存在し、常に政権交代の可能性が存在することである。また、公正なメディアが存在し、与野党双方に的確な批判を加え、国民に政治的判断のための情報を提供することがきわめて重要である。現在の日本では、これらの条件が十分満たされていないことが、一元的民主政治が独裁につながるという恐れをもたらす原因となっている。

議会制度との関連で特に重要になるのは、野党を強化するための制度整備と、政府与党に対する牽制機能の強化である。この点では、いっそう積極的な制度構想が必要とされる。こと国会論戦の活力や緊張感に関しては、多極共存型民主主義の時代のほうが高かったという逆説がある。一元的民主主義に向けた変化が進むにつれて、国会では多数決こそすべてという雰囲気が強まった。少数政党も含めた野党の発言時間の確保、国会に関する情報公開の推進などが求められる。

また、野党による政策形成を支援するための特別な仕組みも必要である。行政府が持つ膨大な情報に対してアクセスできないことが野党にとって政策立案の障害となる。そうした野党ゆえのハンディキャップを是正するような助成を考える必要もあるであろう。

冒頭で私は、参議院の抵抗が必要な政策決定の障害になりうると述べたが、そのことは二院制を否定するわけではない。立法に関する拒否権の行使とは異なった形で、政府与党に対する牽制機能を発揮するような制度構想、たとえば参議院については国政調査権を個々の議員または会派に与えるといった工夫を考えていく必要があると考える。

いずれにせよ、小泉首相によって始められた政党政治の転換は、もはや不可逆なものである。これが独裁やデマゴーグに陥らないようにするために、政治学や憲法学の役割もより大きくなるはずである。

二一世紀の内閣統治

a　二〇〇一年体制の虚実

最後に、小泉首相退陣後の日本政治、特に内閣統治のあり方について展望を試みたい。最大の疑問は、小泉という特定の人物がいなくなった後にも、小泉時代の内閣制度の運用は慣習あるいは習律として継続するのかという問題である。

竹中治堅は、「二〇〇一年体制」という言葉を作り、小泉時代に起こった変化が、偶発的なものではなく、不可逆的で制度的なものであることを強調している(30)。一九九〇年代以降の日本政治の変化として、次の五つを挙げている。

1　政党の間で競争が行われる枠組みが定まった。
2　首相の地位を獲得・維持する条件が変わった。
3　首相が保持する権力が強まった。

4　行政機構の姿が一変した。
5　参議院議員が保持する影響力が増加した。

竹中があげる変化は、既に本章で指摘したことと重なっている。政権を担いうる二つの大規模な政党が、中間的政党との連立はありうるものの、軸となって、選挙において政権をめぐって競争し、政権交代の可能性が存在することが、政党政治に緊張感を与える。この緊張感のゆえに各政党は党首に最強の政治家を選び、国民に約束する政権構想についても工夫を加える。また、小選挙区制と政党助成金の創設によって、政党における集権化が進む。内閣における首相権限の強化や補佐機構の整備により、首相への求心力が高まる。かくして、日本の内閣制の運用も、首相支配の形態に近づく。こうした観察は、私自身も既に述べたところである。

しかし、竹中の五つの指摘の中には、疑問もある。

第一は、首相権限の強化の意味である。竹中の議論に代表されるように、肯定するにせよ、否定するにせよ、橋本行革によって内閣制度が根本的に変わったという評価がしばしば聞かれる。しかし、憲法改正が行われたわけではなく、議院内閣制の骨格は不変である。首相の閣僚人事権は以前から存在した。内閣法改正による首相の閣議に関する主宰、発議の権限も、従来の首相が事実上行使できた事柄をあえて内閣法に明文化したと理解すべきである。ロッキード事件の際に問題となった総理大臣の職務権限についても、閣議を通して各省大臣の執務に対して総理大臣の指揮が及ぶという憲法解釈が確立している。橋本行革における制度改革の意義は軽視できないが、それらはそれ以前の首相が潜在的に持っていた指導力、影響力を法律上明記したところに意味があった。

小泉時代に起こった変化のマグニチュードを評価するためには、前から首相が持っていた権力を使えなかった理由について考察する必要がある。首相が指導力を発揮してこなかったのは、日本の議院内閣制に制度的な欠陥があったからではない。むしろ、歴代の自民党内閣が首相のリーダーシップの発揮を自制するように、内閣制度を運用してきたのである。一年に一回内閣改造をしなければならないとか、一定の当選回数に達した国会議員を閣僚に任命しなければならないなどというルールはどこにも存在しない。

こうした運用を可能にしたのは、既に説明したように、戦後のある時代の政治、経済的環境であった。政策の大枠を前提として、政治はその中の利益配分や利害調整を行えばよいという時代だからこそ、内閣は空虚な中心でありえた。政権交代の現実的可能性が存在しなかったからこそ、自民党の政治家は、国民一般の評価を顧慮することなく、人事にせよ政策にせよ自らの満足を追求する政治行動ができた。内閣統治のあり方には、政党、とりわけ与党の組織構造、政策形成システムが大きな影響を及ぼすことは、戦後自民党政権の経験に照らしても明らかである。

こうした条件が一九九〇年代に入って急速に崩壊し、その崩壊過程の最終局面に小泉という特異なリーダーが登場した。九〇年代の制度改革は、小泉による権力の発揮を促進したことは確かであるが、制度が決定的な要因になったわけではない。したがって、小泉以後の内閣統治がどうなるかは、政党政治のあり方を分析することなしには予想できないはずである。小泉という個人がもたらした政党政治の変容と、内閣制度の変化がもたらした内閣統治の変容とを区別する必要があるのである。

第二の疑問は、首相支配と参議院の関係である。日本の二院制は首相の指名と予算の議決以外については、第二院に衆議院とほぼ対等の権限を与えている。そのことは、既に説明したとおり、議院内閣制の一元的な性格を薄めてきた。竹中もその点は同じ見解であるが、郵政解散の経験によって参議院の抵抗を乗り越える手段が発見、実感されたことを重視する。これ以後、参議院は首相のリーダーシップに対して簡単に抵抗できなくなるとの見解を明らかにしている。

しかし、小泉首相の郵政解散という一度だけの特異な経験を、首相による参議院の統制手段として一般化することには疑問がある。重要法案が参議院で否決された場合に衆議院を解散するというのは、政権を失う危険も大きいギャンブルである。解散という切り札を首相の思うように発動するには、様々な条件が必要である。郵政解散の経験により、内閣と参議院の力関係が変わったと即断することはできない。

加えて、内閣の権力を牽制、制約する参議院側にとっての強み、内閣の側にとっての弱みは、現在の憲法構造では依然として存在する。参院選で大敗した場合、首相は責任を取って辞めることがしばしばである。日本の政党政治においては、首相は参議院選挙の結果に対しても責任を負うという慣習が定着している。首相は三年に一度必ずある参議院選挙に大きな政治的関心を払わなければならないのである。したがって、参議院の幹部とは常に良好な関係を保っていなければならない。

また、参議院は三年毎の半数改選なので、政党別議席数の変化が緩慢である。どの党が政権をとっても、与野党の逆転ないし伯仲状態は当分の間続く。だからこそ参議院の影響力は保たれる。内閣に反乱を起こした参議院議員に対する与党としての制裁を厳しくすれば、それだけ参議院における与党基盤は浸食されるのである。郵政民営化法案の採決で反対、棄権した造反議員に対する処罰、処遇の仕方が、造反派を仮借なく追放した衆議院と曖昧のうちに済ませた参議院でまったく異なったのもそのためである。したがって、除名や公認の剝奪などの手段によって与党の規律を強化し、内閣に対する服従を強制するというメカニズムは、参議院においては働きにくい。

さらに、参議院の選挙制度も内閣の求心力を弱める作用がある。参議院には全国一区の非拘束式比例代表が存在する。国民の投票動向は首相のイメージやマクロな政権評価が大きく影響するが、全国一区の個人名を投票する選挙を戦うためには、大きな組織の支援が不可欠である。したがって、力量は低下したとはいえ、巨大な利益団体の存在感は高まる。また、国土交通省や農水省などの官僚ＯＢが関連業界団体の支持を得て当選するという事例が継続することとなる。このような選挙制度は、参議院が本書の言う地下茎ネットワークの温床として機能し続けるという帰結をもたらす。この点からも、参議院は求心的な内閣統治を妨げる障害となる。

以上のような理由から、竹中のいう二〇〇一年体制という主張は、小泉政権時代の経験を過度に一般化したものと言わなければならない。

b　内閣と政党政治のこれから

日本の内閣統治の現状は、自民党一党支配体制の中で培われた古い慣習と、九〇年代以降に徐々に起こった求心的内閣統治とが混在、併存しているというべきである。内閣統治を規定する要因として、政党の基盤が重要であるというのが本書の主張であるから、これからの内閣統治を展望する際にも、政党の連続と変化を観察する必要がある。

一方で政党の求心力は強まったが、政党の生命力は低下している。派閥の機能低下は、半面で人材育成や政策探究の能力が全体として低下していることにつながっている。派閥抗争がなくなれば、指導者を鍛錬する機会もなくなり、ひ弱なリーダーしか生まれないということになる。さらに言えば、政治という営みに対する情熱や責任感を育む機会も失われることになる。

現在の政党における集権化、求心化は、リーダーが優れた指導力や政策を持つことによる積極的、能動的な急進化ではなく、政党の一般（rank and file）の議員が自らの保身のために、自分で考え、発言・行動することを放棄し、大勢に同調するという消極的、受動的な求心化である。したがって、外見上の求心化が内閣の統治能力の向上に結びつくのかどうか、疑問である。ポスト小泉の自民党政権に、小泉時代に現れた内閣統治のモデルを単純に外挿できないと私が主張するのも、こうした理由による。

政党の足腰ともいうべき選挙基盤については、脆弱化はもっと明らかである。一九九九年の自公連立の開始以来、選挙における自民党の公明党依存は深まり続けている。いまや公明党との選挙協力なしに、自民党は第一党の地位を守ることはできない。そのことは、二〇〇五年の圧勝した総選挙でも当てはまる。ウェストミンスター・モデルを支えるのは、組織基盤を持ち、政策や政権担当への意欲を持つ自立した政党である。その意味では、日本の政党政治はイギリス型に移行したとは到底言えない。

最大政党である自民党でさえ、選挙協力に依存するという現状である以上、日本では当分の間連立政権が続くと予想することができる。言い換えれば、純粋な二大政党制はあり得ないということでもある。連立政権の継続は、求心的な内閣統治にとっての不可測的な要因となる。日本の場合、自民、民主のいずれが政権をとるにせよ、政権の軸になる大政党と補完的な中小政党の連立という形が続くであろう。補完政党の発言力が高まれば高まるほど、求心的な内閣統治は難しくなる。政治は、国民内閣制論で言うところの直接民主制から間接民主制に近づかざるをえない。補完政党の発言力は、政権の基軸となる政党の力量の関数である。小泉政権時代を振り返れば、小泉首相の圧倒的な人気の前に、公明党は独自色を抑え、政権運営に協力してきた。しかし、首相の人気が低下し、自民党の推進する政策に対する国民の支持が冷めれば、補完政党は独自性を発揮しようとするに違いない。この点でも、求心的な内閣統治が続くかどうか、即断することはできない。

小泉時代に起こった内閣や自民党の求心化、集権化を捉えて、九〇年代以降の、ウェストミンスター・モデルを目指した政治・行政改革が一応完結したと、肯定的に評価することは可能である。政策内容に対する好き嫌いは別として、メカニズムとして内閣統治や与党運営を見れば、国民に責任を負う政党政治、内閣統治が始まったと見ることもできるであろう。しかし、無機的なメカニズムが自動的に民主政治の内実を改善、向上してくれるわけではない。制度の運行に期待するのではなく、制度を担う主体を常に育て、鍛えることは、民主政治を持続するために不可欠である。本書の最初で述べたように、議院内閣制は実定的な制度ですべてを規定することはできない。様々な運用を工夫し、慣習を蓄積していくことによって、新しい国制を作り出すことが、内閣制度をよりよく改革することにつながるのである。

その意味では、ポスト小泉の日本政治は大きな試練に直面しているということができる。連立政権を前提とした上で、責任ある、有効な内閣統治の仕組みをどのように作るかという課題はまだ解決されていない。これについては、今後総選挙において、二大ブロックの政党連合が基本的な政権綱領を事前に作成、公表し、政権をめぐって争うという慣習を確立する必要があると考える。

もう一つの課題は、健全な議院内閣制を支える、政権能力のある野党の育成である。この点はもはや本書のテーマから外れるので、詳述はしないが、この点の努力を怠っていては、整備された内閣統治のメカニズムはむしろ暴走する危険が大きいことを改めて指摘しておきたい。集権化され、強い権力を持った内閣に対しては、不断の批判と、挑戦が必要なのである。その意味で、強力で有効な内閣と、強力な国会とが併存することを目指して、国会改革と政党や政治家の鍛錬を進めなければならない。

[注]

序章

(1) 阿部斉『政治学入門』(岩波書店、一九九六年)、一七二頁。

(2) 佐々木毅『保守化と政治的意味空間——日本とアメリカを考える』(岩波書店、一九八六年)、五七―六二頁。

I章

(1) ウォルター・バジョット『イギリス憲政論』(『世界の名著60　バジョット、ラスキ、マッキーヴァー』中央公論社、一九七〇年)、七五頁。

(2) 現存する政治体制のうち、二元型議院内閣制は第五共和制のフランスに見られる。そこでは大統領と議会は対等であり、内閣は大統領によって任命される。

(3) ロバート・A・ダール『アメリカ憲法は民主的か』(杉田敦訳、岩波書店、二〇〇三年)、八五頁。

(4) 芦部信喜『憲法　第三版』(岩波書店、二〇〇二年)、二六二頁。

(5) HMSO, *The British System of Government*, 3rd Edition (The Stationary Office, 1996).

(6) Martin Burch and Ian Holliday, *The British Cabinet System* (Prentice Hall, 1996).

(7) バジョット、前掲書、七六頁。

(8) Robert Putnam, Joel Aberbach and Bert Rockman, *Bureaucrats and Politicians in Western Democracies* (Harvard University Press, 1981), chapter 1.

(9) 西尾勝「行政の概念」(『行政学の基礎概念』東京大学出版会、一九九〇年、所収)、二四頁以下。

(10) 岡義達『政治』(岩波書店、一九七一年)、第六章「視座構造の類型」。

(11) 詳しくは、山口二郎『大蔵官僚支配の終焉』(岩波書店、一九八七年)、第一章第二節を参照のこと。

(12) Bernard Crick, *Reform of Parliament*, 2nd Edition (Weidenfeld and Nicolson, 1968).

(13) 詳しくは、山口二郎『政治改革』(岩波書店、一九九三年)、第三章を参照のこと。

(14) 毛桂栄「日本の議院内閣制」(『明治学院大学法学研究』六二号、一九九七年)、九五―九九頁。

Ⅱ章

（1）辻清明、林茂編『日本内閣史録　第一巻』（第一法規、一九八一年）、三〇―三七頁。
（2）同右、一一七―一一八頁。
（3）同右、四四―四六頁。
（4）同右、四六頁。
（5）以下の記述は、日本公務員制度史研究会編著『官吏・公務員制度の変遷』（第一法規、一九八九年）によっている。
（6）戦後改革に関する以下の記述は、国会図書館の資料による。
http://www.ndl.go.jp/constitution/shiryo/03/059/059tx.html
（7）岡田彰『現代日本官僚制の成立――戦後占領期における行政制度の再編成』（法政大学出版局、一九九四年）、一二一頁。
（8）同右、一二二頁。
（9）同右、一二七頁。
（10）同右、一二八頁。
（11）同右、一三三―一三四頁。
（12）大石真「内閣制度の展開」（『公法研究』五七巻、一九九五年）、五六頁。
（13）伊藤大一「第二次池田内閣」（辻清明・林茂夫編『日本内閣史録　第五巻』第一法規、一九八一年）、四七―四八頁。
（14）石川真澄『戦後政治史（新版）』（岩波書店、二〇〇四年）、九六―九七頁。
（15）伊藤、前掲書、四七頁。
（16）石川、前掲書、九八頁。
（17）佐藤誠三郎・松崎哲久『自民党政権』（中央公論社、一九八六年）、一五三―一五八頁。
（18）石川、前掲書、七八頁。
（19）この手続きは、稟議制と呼ばれる。詳細は、西尾勝『行政学』（有斐閣、二〇〇一年）、第16章を参照。
（20）薬害エイズ事件の究明に指導力を発揮した菅直人は、厚生大臣時代を振り返って、菅のような大臣がいかに官僚にとって異質であったかを明らかにしている。菅直人『大臣』（岩波書店、一九九八年）とくに七四―七八頁。
（21）松下圭一『政治・行政の考え方』（岩波書店、一九九八年）、六五―七八頁。

(22)村松岐夫『戦後日本の官僚制』(東洋経済新報社、一九八一年)、第四章、とくに一六二―一六四頁。
(23)こうした集票システムの実態については、広瀬道貞『補助金と政権党』(朝日新聞社、一九八一年)を参照のこと。土地改良事業の補助金の交付先地域において、農林省OB候補の得票が著しく多いことが実証的に明らかにされている。

Ⅲ章

(1)このときの政治的雰囲気を伝える貴重な資料として、いしいひさいち『永田町三丁目の夕日』(双葉社、二〇〇六年)、七九―八一頁を参照のこと。
(2)首相公選論に関する文献については、大石真・久保文明・佐々木毅・山口二郎『首相公選を考える――その可能性と問題点』(中央公論新社、二〇〇二年)、二〇一―二〇五頁を参照のこと。
(3)中曾根康弘「首相公選論の提唱」(弘文堂編集部『いま、「首相公選」を考える』弘文堂、二〇〇一年)。
(4)この点に関連して、高橋和之は「抵抗の憲法学」と「制度の憲法学」という二つの概念を示している。前者はまさに民主主義の破壊や憲法改正に抵抗する学問理論であり、戦後憲法学の主流を成してきた。後者は、権力を我々のものとして引き受け、それを行使するための制度と運用を構想する視点に立つ。そして、憲法体制の定着とともに、制度の憲法学が徐々に進展していると述べている。高橋「補論『戦後憲法学』雑感」(『現代立憲主義の制度構想』有斐閣、二〇〇六年)、一五―一九頁。
(5)芦部信喜『憲法　第三版』(岩波書店、二〇〇二年)、二六九頁。
(6)同右、二六一頁。
(7)小林直樹『憲法講義　下』(東京大学出版会、一九七三年)、五四七―五四九頁。
(8)芦部、前掲書、二六三頁。
(9)同右、三〇四頁。
(10)同右、二九四頁。
(11)高橋和之は、控除説について、「立憲君主制下の思考様式をそのまま国民主権の下に移しかえるもの」と表現している。高橋「日本国憲法における『立法』と『行政』の概念」(『国民内閣制の理念と運用』有斐閣、一九九四年)、三四一頁。
(12)後藤田正晴『政と官』(講談社、一九九四年)、二一頁。
(13)「石原信雄インタビュー」(『朝日新聞』一九九三年一一月二七日朝刊)。

(14) 高橋、前掲『国民内閣制の理念と運用』二〇―二二頁。
(15) 同右、三二七―三三〇頁。
(16) 同右、三三〇頁。
(17) 同右、三三二―三三四頁。
(18) こうした法体系の段階構造は、ハンス・ケルゼンが最初に「法段階説」で提唱した。ここで高橋がいう上位規範―下位規範という概念は、私自身が政策の類型化の中で示した政策の具体性―抽象性という分類軸と親和性を持つように思える。参照、山口二郎『大蔵官僚支配の終焉』(岩波書店、一九八七年)、第一章。
(19) 高橋、前掲『国民内閣制の理念と運用』三三九―三四三頁。
(20) 同右、三五二―三五四頁。
(21) 同右、三五七頁。
(22) 同右、三五七頁。
(23) 同右、三六一頁。
(24) 同右、三六六頁。
(25) M. Duverger, "Institutions politique et droit constitutional," t.1: *Les Grands systemes politiques*, 14 ed. (1975), p. 77.
(26) 高橋、前掲『国民内閣制の理念と運用』三七六―三七九頁。
(27) 同右、三八〇―三八四頁。
(28) その代表として、佐藤誠三郎・松崎哲久『自民党政権』(中央公論社、一九八六年)がある。また、この時期の政治学では、「多元主義論」が有力になっており、日本政治の現状を多様な利害が比較的公平に表出され、政策形成に伝達される、官僚よりも政党が力を発揮するようになったという主張が流行するようになっていた。参照、村松岐夫『戦後日本の官僚制』(東洋経済新報社、一九八一年)。
(29) 高橋、前掲『国民内閣制の理念と運用』三七一頁。
(30) 本秀紀「『首相公選論』・『国民内閣制』・『内閣機能の強化』」(『法律時報』七三巻一〇号、二〇〇一年九月)、九〇頁。もっとも、この論文において本自身は、こうした二項対立の図式を乗り越え、国会が「最高機関」としての実質を備えることで行政権までの民主化も実現できるという考えを表明している。

(31) 高見勝利「国民内閣制についての覚え書き」(『ジュリスト』一一四五号、一九九八年一一月一五日)、四〇―四一頁。
(32) 高田篤「現代民主制から見た議院内閣制」(『ジュリスト』一一三三号、一九九八年五月一・一五日)、七三―七五頁。
(33) こうした民主制の変容については、次の文献を参照のこと。Colin Crouch, *Post Democracy* (Polity, 2004). 山口二郎『ブレア時代のイギリス』(岩波書店、二〇〇五年)。
(34) 山口二郎『戦後政治の崩壊』(岩波書店、二〇〇四年)、第二章。
(35) アレンド・レイプハルト『民主主義対民主主義：多数決型とコンセンサス型の36ヶ国比較研究』(粕谷祐子訳、勁草書房、二〇〇五年)。
(36) 高田、前掲論文、七五頁。
(37) 高見、前掲論文、四四―四五頁。
(38) 山口二郎『イギリスの政治 日本の政治』(筑摩書房、一九九八年)、二三―三一頁。
(39) 山口、前掲『ブレア時代のイギリス』一五三―一五六頁。
(40) 高見、前掲論文、四五頁。
(41) Norbert Bobbio, *Left and Right* (Polity, 2000).
(42) 参照、山口二郎「戦後政治における平等の終焉と今後の対立軸」(日本政治学会編『年報政治学二〇〇六―Ⅱ』)。
(43) 本秀紀「内閣機能の強化」(『法律時報』七〇巻三号、一九九八年三月)、六〇頁。
(44) 松下圭一『戦後政治の歴史と思想』(筑摩書房、一九九四年)所収。
(45) 同右、三〇九―三一一頁。
(46) 同右、三〇九頁。
(47) 同右、三一四頁。
(48) 同右、三一八頁。
(49) 同右、三二一―三二二頁。
(50) 同右、三二三―三二七頁。
(51) 松下『政治・行政の考え方』(岩波書店、一九九八年)、Ⅱ章。
(52) 同右、六一頁。
(53) 同右、六一頁。

(54) 西尾勝「議院内閣制と官僚制」(『公法研究』五七巻、一九九五年)、二九頁。
(55) 同右、三〇頁。
(56) 同右、三二一三九頁。
(57) 同右、四二頁。

Ⅳ章

(1) 新藤宗幸『行政改革と現代政治』(岩波書店、一九八六年)、一〇三一一〇四頁。
(2) 山口二郎、生活経済政策研究所編『連立政治 同時代の検証』(朝日新聞社、一九九七年)、二九頁。
(3) 小沢一郎『日本改造計画』(講談社、一九九三年)。なお、筆者も同時期に出版した『政治改革』(岩波書店、一九九三年)において、同じ政務審議官という言葉を使って政治任用の拡大を提言した(同書、一二八一一四〇頁)。ただし、このときの筆者の関心は、政治的指導力の強化よりも、官僚機構と与党との間の地下茎ネットワークを表面化、制度化する点にあった。
(4) 山口、生活経済政策研究所編、前掲書、四八一四九頁。同書の記述は、加藤紘一へのインタビューをもとにしている。
(5) 橋本連立政権で経済企画庁長官を務めた田中秀征は、大臣は官僚機構という大海に浮かぶ椰子の実のような存在であると自嘲的に振り返っている。田中秀征『日本の連立政治』(岩波書店、一九九七年)。
(6) 菅直人『大臣』(岩波書店、一九九八年)。
(7) 同右、七五頁。
(8) 同右、七八頁。
(9) 同右、八三頁。
(10) 同右、一五九一一六〇頁。
(11) 同右、八四頁。
(12) http://www.cao.go.jp/conference/conference.html
(13) 佐藤幸治「日本国憲法と行政権」(『京都大学法学部創立百周年記念論文集2』有斐閣、一九九九年)、四二頁。
(14) 同右、四四一四五頁。
(15) 同右、四六一四七頁。

(16) 同右、六一頁。
(17) 読売新聞社編『政治・行政の緊急改革提言』(読売新聞社、一九九八年)、六七—六八頁。
(18) 本秀紀「内閣機能の強化」(『法律時報』七〇巻三号、一九九八年三月)。
(19) 公務員数は人口一〇〇〇人に対して三五人で先進国中最低であり、国民所得に対する租税社会保険料負担率は三五パーセントと、アメリカとほぼ同水準である。参照、山口二郎・杉田敦『現代日本の政治』(放送大学教育振興会、二〇〇三年)、三三一—三三三頁。
(20) 戦後日本における再分配政策と行政裁量の関連については、山口二郎『戦後政治の崩壊——デモクラシーはどこへゆくか』(岩波書店、二〇〇四年)、第4章を参照のこと。
(21) 佐藤、前掲論文、五九頁。
(22) 同右、六二頁。
(23) 菅、前掲書、一六〇頁。
(24) 鈴木宗男の側近で、外務省の情報通といわれた佐藤優は、自らも微罪で裁判にかけられた経験を振り返り、「国策捜査」という言葉を使っている。佐藤優『国家の罠——外務省のラスプーチンと呼ばれて』(新潮社、二〇〇五年)。再分配政策から小さな政府への世論の支持を切り替える上で、鈴木宗男の立件は重要な意義を持ったと彼は言う。しかし、筆者との会話の中で、権力を集中した内閣上層部が、直接検察庁を動かしたというのは、過大評価だとも彼は言う。日本の政府は、各官庁が政権中枢の意向を忖度して行動する、相互忖度社会だと述べている。
(25) 竹中治堅『首相支配——日本政治の変貌』(中央公論新社、二〇〇六年)、一七七頁。
(26) 同右、一七八頁。
(27) 与件の設定による歳出管理という手法については、山口二郎「政治と行政——財政政策における相互浸透をめぐって」(『思想』八二六号、一九九三年四月)、七六—七七頁を参照のこと。
(28) 竹中、前掲書、一八〇—一八二頁。
(29) 理論的には、解散によって身分を失った前議員が、解散の違憲性を訴えて訴訟を提起することも可能かもしれない。しかし、裁判所がそのような政治的問題を取り上げるとは到底思えない。無理筋の解散であっても、現に総選挙が行われ、国民の意思が表示されていれば、それを覆すことは難しい。この解散、総選挙が憲法に適するものかどうかという問いには、政治的な答えしかないのである。山口二郎「郵政解散の憲政上の意義」(『法律時報』二〇〇五年一〇月)を参照のこと。

(30) 竹中、前掲書、二三七―二五九頁。

あとがき

私が内閣制度に関心を持ち始めたのは、今から二〇年ほど前、アメリカに留学していた頃であった。大統領制の国で議院内閣制に関心を持つのは奇妙に聞こえるかもしれないが、最新のアメリカ政治学にはあまり興味を持てず、図書館でウッドロー・ウィルソンなどアメリカ行政学の古典を読むうちに、憲法制度、政治制度に対する興味が広がった。また、留学中に本書でも引用したバーナード・クリックの *Reform of Parliament* という本とめぐり会い、議院内閣制や議会制度について、目を開かれる思いがした。そうした研究成果の一部は、『一党支配体制の崩壊』（岩波書店、一九八九年）として公刊したが、議院内閣制に関する本格的な研究書を書くことは、年来の課題であった。そこで、行政学叢書の企画が持ち上がった時、私は迷わず「内閣制度」というテーマを選んだ。

以来、様々な事情のため執筆が遅れ、この企画を担当された東京大学出版会の竹中英俊氏と斉藤美潮氏には、大変な迷惑をおかけした。この場を借りてお詫び申し上げたい。しかし、言い訳をさせてもらえば、小泉政治を見届けたことによって、内閣をめぐる様々な政治の動きや制度運用の変化を今回の研究の対象に含めることができ、この本は日本政治の今を読み解くために役立つ本になったのではないかと思う。

この一〇年ほどの間、私は政治批評と新書を書くことに熱心で、アカデミックな、それも行政学に関する論文を書くことは十分してこなかった。その点については内心忸怩たるものがあった。今回、ともかく行政学叢書の中で一冊書き下ろすことができ、行政学研究者のコミュニティに踏みとどまれたと、安堵している。

本書の執筆に当たっては、かつての同僚であった高見勝利、現在も同僚の岡田信弘という二人の優れた憲法学者から受けた刺激や教示が大変役立った。両氏の学恩に心より感謝したい。また、政治学の立場から一貫して憲法学への発言をしてきた松下圭一先生の業績は、私にとっての導きの星となった。改めてお礼申し上げたい。

最後になるが、東京大学出版会の斉藤美潮さんには、ねばり強くおつきあいいただき、何とかここまでこぎ着けることができた。ここで心より感謝したい。

二〇〇七年三月

山口二郎

索　　引

ア　行

カ　行

サ　行

タ　行

ナ　行

ハ　行

マ 行

ヤ 行

ラ 行

ワ 行

著者略歴

1958年　岡山県に生れる
1981年　東京大学法学部卒業
1984年　北海道大学法学部助教授
1993年　同大学同学部教授
1997年　オックスフォード大学客員研究員
現　在　北海道大学公共政策大学院教授

主要編著書

『大蔵官僚支配の終焉』(岩波書店，1987年)
『一党支配体制の崩壊』(岩波書店，1989年)
『連立政治　同時代の検証』(編著，朝日新聞社，1997年)
『イギリスの政治　日本の政治』(筑摩書房，1998年)
『日本社会党――戦後革新の思想と行動』(共編著，日本経済評論社，2003年)
『市民社会民主主義への挑戦―ポスト「第三の道」のヨーロッパ政治』(共編著，日本経済評論社，2005年)
『ポスト福祉国家とソーシャル・ガヴァナンス』(共編著，ミネルヴァ書房，2005年)
『ブレア時代のイギリス』(岩波書店，2005年)
『憲政の政治学』(共著，東京大学出版会，2006年)

行政学叢書6　内閣制度

2007年5月23日　初　版

[検印廃止]

著　者　山口二郎《やまぐちじろう》

発行所　財団法人　東京大学出版会
代表者　岡本和夫
113-8654 東京都文京区本郷7 東大構内
電話03-3811-8814・振替00160-6-59964
http://www.utp.or.jp/

印刷所　株式会社理想社
製本所　牧製本印刷株式会社

ISBN 978-4-13-034236-0　Printed in Japan

ここに表示された価格はすべて本体価格です．御購入の際には消費税が加算されますので御了承下さい．